NATURE RUN
STYLISH RUN
FUN RUN

NATURE RUN
STYLISH RUN
FUN RUN

트레일 러닝 교과서

트레일 러닝 교과서

NATURE RUN
STYLISH RUN
FUN RUN

100K 오프로드를 즐기면서
부상 없이 완주하는 달리기 기술과 훈련

오쿠노미야 슌스케 지음 | 신찬 옮김

보누스

자연과 교감할 수 있어 즐거운
트레일 러닝

트레일 러닝(trail running)은 최근 트레킹, 하이킹 등과 함께 자연을 즐기는 스포츠로 각광을 받고 있다. 트레일 러닝의 매력은 자연 속에서 몸과 마음의 건강을 되찾을 수 있다는 점이다. 남녀노소가 자신의 페이스(pace)를 지키며 즐길 수 있고, 트레일 러닝만의 라이프 스타일과 패션이 있다. 게다가 다른 스포츠에서 찾아볼 수 없는 독특한 분위기도 있다. 이 덕분에 해를 거듭하면서 트레일 러닝을 즐기는 사람이 많아지고 있는 실정이다.

트레일 러닝은 일반적으로 '어렵고 힘든 스포츠'라는 이미지가 강하지만 사실 그렇지 않다. 전문 지식이 없더라도 어느 정도의 기초 지식만 갖춘다면 누구라도 쉽게 즐길 수 있다. 무엇보다 힘들면 걸어도 되는 자유로운 스포츠다.

최근 건강이나 다이어트에 사람들의 관심이 쏠리면서 트레일 러닝의 인기도 한층 더 높아졌다. 앞으로 마라톤만큼 인지도 높은 스포츠로 부상할 것이라고 믿는다.

우리 주변에는 세계 어디에 내놓아도 손색없는 아름다운 자연이 있다. 어디서든 다양한 동식물과 자연을 즐길 수 있다. 트레일 러닝은 이런 자연의 축복을 즐길 수 있는 스포츠다. 이 책을 통해 트레일 러닝과 아름다운 자연의 매력에 빠져보길 바란다.

역경을 뛰어넘는 기쁨과
자유가 있는 달리기

자연과 함께 달리는 일에는 분명 전에 알지 못했던 즐거움과 자유가 있다. 하지만 나 또한 트레일 러닝의 매력을 전혀 몰랐던 사람이다. 내가 어떤 경험을 통해 트레일 러닝에 흥미를 느끼고 이 스포츠를 시작했는지 잠깐 얘기해보겠다.

트레일 러닝을 즐기는 사람 중에는 어릴 때부터 지구력을 요하는 스포츠에 뛰어난 사람이 많다. 하지만 집 근처에 산이 있어 자주 오르거나 가족들과 아웃도어 스포츠를 즐기다가 빠지는 사람도 적지 않다. 나는 산과 무관한 도시에서 자랐다. 태어난 곳이 대도시의 주택지라서 산을 쉽게 찾아볼 수 없었고, 주로 공원에서 뛰어다니며 놀았다.

다만 여름방학 때 시골 할머니 댁에 가면 주변이 온통 산이었기 때문에 산길을 걷거나 뛰어다니며 자연의 위대함을 느끼곤 했다. 도시에서 자랐기 때문에 산은 너무나 재미있는 장소였다. 그런 추억 때문인지 집 주변에 산이 없더라도 평소 '산에서 달리고 싶다'는 생각을 하며 동네를 달리며 놀았다.

그러다 고등학교 때 육상부에 들어가 본격적으로 달리기를 시작했는데, 심장이 안 좋다는 사실을 알게

되었다. 원인은 부정맥(요즘은 수술로 완치가 가능하다.)이었는데, 육상 선수라면 누구나 꿈꾸는 하코네 역전 대회(1920년에 시작한 일본의 유명 육상 대회)에 출전하는 것이 목표였기 때문에 달리기를 그만둘 수 없었고, 결국 병을 숨겼다.

대회 성적이 나쁘지 않았기에 육상으로 유명한 도카이 대학에 진학했고, 여전히 '하코네 역전 대회 출전'이라는 꿈도 버리지 않았다. 대학 4년간 매일같이 달렸지만 아쉽게도 '하코네 역전 대회 출전'의 꿈은 이루지 못했다. 그 때문에 열정이 한풀 꺾였고, 달리기도 그만두었다. 이후 대학을 졸업하고 제빵사를 목표로 일했지만 얄궂게도 회사가 도산하고 말았다.

인생의 쓴맛을 제대로 맛보고 있을 때 우연히 자위대에서 복무 중이던 대학 선배가 '자위대에서 달려보지 않을래?'라는 제안을 했다. 이를 계기로 자위대 입대를 결심했다. 근무하던 제빵 회사가 자위대 주둔지 근처여서 매일 묵묵히 구보를 하는 대원들을 본 적이 있다. 그때마다 '나도 한때는 목표를 향해 달렸는데.'라며 부럽게 바라본 적도 많았다. 물론 그때는 자위대에 들어갈 생각이 없었다. 신이 주신 기회였는지 모르겠지만 이런 우연한 계기로 다시 달릴 수 있었다.

육상 선수로 복귀한 후, '후지 등산 역전 대회' 같은 여러 대회에 출전했지만 본격적으로 트레일 러닝의 매력에 빠지게 된 계기는 71.5km에 달하는 산길을 달리며 기록을 다투는 '하세츠네 산악 마라톤'(통상 하세츠네컵이라고 하며 1992년부터 개최된 일본에서 가장 오래된 울트라 마라톤 대회다. 세계 최초로 알프스 3대 북벽을 동계 시즌에 오른 등산가 하세가와 츠네오의 이름을 따서 하세츠네라고 한다.–옮긴이)에 출전하면서부터다. 2005년 제13회 대회에 처음으로 출전했는데, 당시 우승 후보였던 가부라기 츠요시 씨와 요코야마 미네히로 씨를 제2관문까지 리드하며 최종적으로 3위를 기록했다.

이듬해는 일 때문에 출전하지 못했지만 2007년 제15회 대회는 우승자인 소우마 츠요시 씨와 막상막하를 다투며 2위, 2008년 제16회 대회는 6위, 2009년 제17회 대회는 5위, 2010년 제18회 대회는 종합 2위를 기록했다. 미타케산 산악 마라톤은 2005년부터 3년 연속으로 우승했고, 다카미즈산 트레일 러닝 대회는 2007년부터 2년 연속으로 우승했다.

이처럼 차근차근 경력을 쌓아온 결과, 2009년 처음 개최한 '하세츠네 30K'에서는 수많은 실력자를 누르고 초대 챔피언이 되었다. 이후 2011년 6월에는 해외 원정길에 나섰는데, 매년 미국에서 개최하는 '웨스턴 스테이츠 100마일'(Western States 100Mile Endurance Run) 대회에 참가한 것이다. 이 대회는 역사와 전통이 깊은 대회로 알려져 있는데, 완주는 했지만 성적은 아쉽게도 13위에 그쳤다. 세계의 벽이 두껍고 높았음을 실감했고, 반드시 뛰어넘겠다고 결의를 다졌다.

일본에서 가장 오래된 레이스인 '하세츠네 산악 마라톤'에 매년 도전해도 우승하지 못해 아쉬웠는데 2015년에 마침내 1위를 차지했다. 앞으로도 계속 또 다른 목표를 향해 도전할 생각이다.

더 많은 사람에게 전하고픈
트레일 러닝의 즐거움

 앞으로는 대회에 출전하는 일뿐만 아니라 캠프나 대회를 기획하는 일에도 힘을 쏟을 예정이다. 산을 달리는 즐거움을 많은 사람에게 전파하기 위해서다. 내가 지금 이렇게 열심히 달릴 수 있는 것도 많은 사람들의 응원 덕분이다. 응원을 받으면 힘과 의욕이 생긴다. 경기 중은 물론이고 연습할 때도 마찬가지다. 열심히 달리는 모습으로 많은 사람들에게 힘과 용기를 전해주고 싶다. 포기하지 않고 노력하면 언젠가 반드시 목표를 이룰 수 있다는 것을 보여주고 싶은 것이다.

트레일 러닝은 앞서 말했듯 남녀노소에 관계없이 자신의 페이스로 즐길 수 있다는 점과 도심에서 느낄 수 없는 독특한 분위기 때문에 지금 많은 주목을 받고 있다. 전문 지식을 익히는 게 어렵지 않고, 초보자도 손쉽게 즐길 수 있다. 달리는 것이 기본이지만 걸어도 상관없는 자유로운 스포츠다.

대자연 속을 달리다 보면 지금까지 경험해보지 못한 새로운 세상이 당신을 반겨줄 것이다. 자연과 하나가 되어 달리기 전에 두근거림을 느끼고, 힘차게 달릴 때에는 상쾌함을 느낀다. 이 매력에 빠져 혼자서 자연 속을 달리다 보면 자연과 동화되어 바람이 된 듯한 기분마저 든다. 물론 여럿이서 함께 달리는 재미도 있다.

달릴 때에 힘들다는 생각은 별로 들지 않는다. 오히려 자연과 대화를 나눌 수 있어 즐겁다. 자연 속을 달릴 때 시간 흐름은 일상에서 체감하는 것과는 전혀 다르다. 주변 풍경이나 동식물을 바라보다 보면 시간 가는 줄 모르고 피곤함을 느낄 수 없을 정도다. 많은 사람들이 이런 트레일 러닝의 즐거움과 매력을 알았으면 한다.

> 2011년 6월 미국에서 열린 웨스턴 스테이츠 100마일 대회에 출전했다. 100마일은 약 160km로 울트라 레이스에 속한다. 첫 해외 출전이었지만 13위라는 성적을 올렸다.

차례

CHAPTER 01
걷기와 달리기

CHAPTER 02
오르막의 기술

CHAPTER 03
내리막의 기술

CHAPTER 04
다양한 트레일을 공략하는 방법과 주의점

CHAPTER 05
달리기를 위한 기초 지식

걷기와 달리기

본격적으로 도전하기 전에
제대로 걷는 법과 달리는 법을 알아보자

01 걷기의 기본

트레일 러닝의 기본은 걷기

몸의 축을 똑바로 세운 채 팔을 크게 흔들면
추진력이 생기고, 자연스럽게 무릎이 앞으로 나온다

산에서 걷는 일은 기본적으로 평지에서 걸을 때와 동일하다. 다만 산에는 나무뿌리나 돌 등 장애물이 많기 때문에 상황에 따라서는 무릎을 높이 올려 장애물에 걸리지 않도록 주의해야 한다.

무릎을 들어 올리며 걸을 때는 몸의 축을 똑바로 세우고, 팔을 크게 흔들어야 한다. 몸을 똑바로 세운다고 의식하면서 몸의 중심을 이동하자. 다만 무릎을 필요 이상으로 높이 올리면 쉽게 피로해지므로 주의하자.

몸의 축을 의식하면서 걸으면 중심 이동이 자연스러워지기 때문에 바르게 걸을 수 있다. 몸을 구부정히 굽히거나 뒤로 젖혀 걸으면 무릎도 올라가지 않고 중심 이동도 부자연스럽다.

CHECK! 항상 몸의 축을 의식한다

허리가 구부정한 자세로 걸으면 몸의 중심이 뒤로 기울기 때문에 걸음이 자연스럽지 못하다. 머리부터 발뒤꿈치에 걸쳐 일직선이 되어야 한다. 이렇게 하면 등이 펴져 멋진 폼으로 경쾌하게 걸을 수 있다. 배꼽 아래(단전)를 의식하면서 걸으면 자세를 유지하기 편하다.

CHECK! 팔을 앞뒤로 크게 흔든다

어깨에 힘을 빼고 팔을 앞뒤로 크게 흔들자. 어깨는 그대로인 채 팔꿈치만 좌우로 흔들면 몸의 축이 좌우로 흔들린다.(특히 여성이 이러는 경우가 많다.) 몸의 축을 의식하면서 정지한 상태에서 반복 연습으로 교정하자.

02 노르딕 워킹이란?

폴을 사용하는 노르딕 워킹에 도전

트레일 러닝에 도전하기 전에
노르딕 워킹으로 자연을 즐기자

노르딕 워킹(Nordic walking)은 1930년대 초에 핀란드의 크로스컨트리 스키 팀이 여름철 테크닉 트레이닝의 일환으로 폴을 가지고 하이킹이나 러닝을 한 것에서 유래한다. 이후 노르딕 워킹은 시즌이 끝난 크로스컨트리 스키 선수에게 중요한 훈련법이 되었다.

1990년대 핀란드에서는 폴을 가지고 걷는 것이 신체에 어떤 효과가 있는지 활발히 연구했다. 1996년 핀란드야외레크리에이션스포츠협회(Suomen Latu)는 스포츠연구소와 스포츠용품 제조사와 함께 이 새로운 훈련법을 일반인에게 소개했다.

'노르딕 워킹'이라는 명칭은 1997년에 국제적으로 정의되었고, 카본 소재로 만든 노르딕 워킹 전용 폴이 최초로 고안되었다. 2000년에는 핀란드 헬싱키에 국제노르딕워킹협회가 설립되었다. 이후 많은 협력단체들의 노력으로 세계 40개국이 넘는 나라에 노르딕 워킹이 보급되었다.(2009년 기준) 핀란드에서는 약 82만 명이 주 1회 노르딕 워킹을 즐긴다고 한다. 이는 성인의 20%에 해당하는 인구다.

전용 폴을 사용하는 노르딕 워킹은 효과적인 '유산소 운동'이며 하반신뿐만 아니라 팔을 비롯해 상반신 근육 전체에 자극을 주는 전신 운동으로 인정받고 있다. 또한 장소를 가리지 않고 연중 어디서든 즐길 수 있기 때문에 급속히 '건강 스포츠'로 자리 잡아가고 있다.

03 노르딕 워킹 전용 폴

노르딕 워킹으로 신진대사를 증진한다

하반신뿐만 아니라
상반신의 근육을 사용하는 전신 운동

노르딕 워킹은 유럽에서 레크리에이션 스포츠로 시작해 전 세계로 보급되었다. 지금도 세계에서 인기가 급상승하고 있는 운동이다. 이 운동은 지구력 향상과 상반신 및 하반신 근육 강화에 도움이 되고, 내장 지방을 없애는 데 효과적이며 전신의 혈액 순환을 촉진한다.

노르딕 워킹의 최대 특징은 나이, 성별, 신체 능력과 무관하게 모든 사람이 즐길 수 있는 운동이라는 점이다. 노르딕 워킹은 헬스 레벨, 피트니스 레벨, 스포츠 레벨로 나누어져 있어 개인의 체력과 목적에 맞춰 선택할 수 있다. 여기서는 '헬스 레벨' 노르딕 워킹의 효과를 소개하겠다. 자연스러운 워킹 스타일을 기본으로 하기 때문에 누구나 즐길 수 있다.

- 일반적인 워킹의 심박수는 1분에 130 내외인데 노르딕 워킹은 1분에 147로 약 13% 높다. 폴을 사용하므로 일반적인 워킹보다 에너지 소비량이 평균 20% 높다.
- 목과 어깨의 통증과 결림이 해소된다.
- 목에서 등으로 이어지는 세로 방향의 유연성이 향상된다. 많이 사용하는 근육은 상완근, 견갑골 주변의 근육, 대흉근, 광배근 등이다.
- 특정 부위나 하반신에만 부담을 주는 워킹이 아니고 전신을 사용하기 때문에 운동 시간 대비 다이어트에 효과적이다.
- 1시간당 400킬로칼로리가 소비된다.(일반적인 워킹은 280킬로칼로리 소비)

CHECK! 반드시 노르딕 워킹 전용 폴을 사용하자

일반적으로 폴 끝에는 단단한 지면에 대응하기 위해 고무 칩이 달려 있지만, 잔디밭 같은 부드러운 지면을 걸을 때는 고무 칩을 제거하고 사용하기도 한다.

노르딕 워킹 폴의 길이는 어떠해야 할까. 사용자의 신장에 0.68을 곱한 값이 폴 길이로 적당하다. 폴 끝을 지면에 직각으로 세웠을 때 팔꿈치가 90도를 이루는 것이 좋다.

다양한 크기의 제품이 있으니 본인에게 맞는 폴을 찾을 수 있다. 폴의 길이는 운동 능력, 유연성, 팔의 길이, 워킹 속도, 지형 등도 고려해서 선택해야 한다.

폴의 길이를 조절할 수 있는 타입과 조절할 수 없는 고정 타입이 있다. 노르딕 워킹의 효과를 최대한 이끌어내고자 한다면 고정 타입을 선택하는 것이 좋고, 여행 갈 때 배낭에 장착하고자 한다면 길이를 조절할 수 있는 타입을 선택하면 된다.

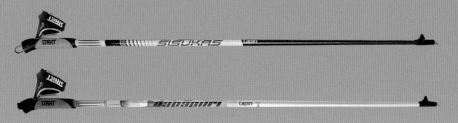

04 폴을 끌면서 걷기

폴을 짚는 위치를 알기 위한 연습

POINT!

팔을 앞으로 내밀 때 폴 끝이 지면에 걸리는 곳이 폴을 짚는 위치다.

팔을 앞으로 내밀면 소리를 내며 끌리던 폴이
지면에 걸리는 듯한 느낌을 받는데, 이 부분이 폴을 짚는 위치다

폴을 들고 걷는 일이 익숙하지 않다면 아무래도 동작이 어색하다. 처음에는 폴에 익숙해지는 연습이 필요하다. 폴에 있는 손목 고리에 손을 끼우고, 그립은 잡지 않은 채로 폴을 지면에 끌면서 걸어보자. 걷는 법은 일반적인 워킹과 마찬가지로 팔을 앞뒤로 크게 흔들며 걷는다.

한동안 걷다 보면 소리를 내며 끌리던 폴이 어떤 한 지점에 이르러 순간적으로 지면에 걸리는 듯한 느낌을 받을 수 있다.

잘 모르겠다면 팔에 의식을 집중해서 폴을 끌면서 걸어보자. 지면과 폴이 만나는 지점을 찾을 수 있을 것이다. 일반적으로 뒷발의 옆이 폴을 짚는 위치다.

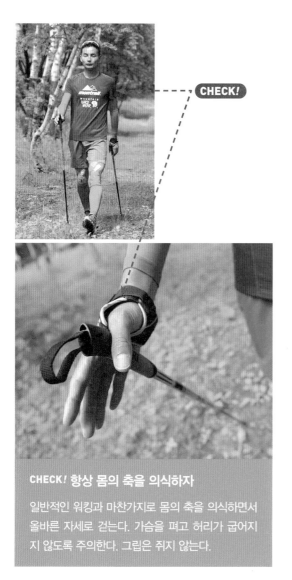

CHECK! 항상 몸의 축을 의식하자

일반적인 워킹과 마찬가지로 몸의 축을 의식하면서 올바른 자세로 걷는다. 가슴을 펴고 허리가 굽어지지 않도록 주의한다. 그립은 쥐지 않는다.

CHECK! 좌우를 확인하자

손목 고리에 손을 넣고, 엄지와 검지 사이에 손목 고리가 달린 곳이 오도록 하여 가볍게 쥔다. 그리고 손에 맞도록 끈을 조절하여 고정한다. 손목 고리가 손에 너무 끼거나 헐거워서는 안 된다. 그립 부분은 폴의 종류에 따라 오른손용, 왼손용으로 구별하니 주의하자.

폴을 짚으며 걷기

폴이 지면에 걸리는 위치를 파악했다면 확실히 짚으며 걷자

POINT!

노르딕 워킹은 일반적인 워킹 테크닉의 연장선상에 있다고 생각하자. 어깨에 힘을 빼고 폴을 의식하지 말고 팔을 자연스럽게 흔든다.

폴로 지면을 짚으면 몸이 앞으로 밀리기 때문에
보폭이 커진다

폴이 지면에 걸리는 타이밍을 알았다면 폴을 이용해 지면을 짚으며 걷는 방법을 익혀보자. 어느 정도 동작이 익숙해지면 폴로 지면을 짚을 때 손으로 손목 고리를 누르듯이 폴을 밀어본다. 몸이 자연스럽게 앞으로 나갈 것이다. 이때 그립은 강하게 쥐지 않는 것이 중요하다. 강하게 쥐면 전신에 힘이 들어간다. 익숙해지면 자연스러운 워킹 자세를 의식하며 팔을 앞뒤로 흔드는 동작에 서서히 신경을 집중해보자. 몸이 순간적으로 앞으로 나아가는 느낌이 들 것이다.

CHECK! 폴 사용법에 익숙해지지 않을 때

폴을 들고 팔을 흔들거나 지면에 폴을 짚는 감각이 좀처럼 익숙해지지 않는다면 폴 사용법에 문제가 있다는 의미다. 흔히 일반 워킹을 할 때는 팔을 똑바로 흔들수 있지만, 폴만 들면 다리와 폴의 움직임에 신경이 쓰여 자연스러운 동작으로 이어지지 않는다. 올바른 폴 사용법을 익히기 위해서는 아래 사진처럼 뒷사람에게 양쪽에서 폴을 들게 해 좌우 같은 폭으로 흔들면서 연습하는 방법도 있다.

06 폴을 활용한 스트레칭

다양한 동작을 할 수 있도록 전신의 유연성을 기르자

● 동적 스트레칭

폴을 가슴 앞에 들고 '머리 위→목 뒤, 머리 위→앞' 동작 5세트. 폴을 들 때 발뒤꿈치도 함께 든다.

폴을 들고 팔을 교차로 내밀며 돌린다. 좌우 각각 5회로 총 10회 실시.

폴을 들고 몸을 무한대 기호 모양(∞)을 그리듯이 돌린다. 5~10회 실시.

폴을 몸 앞에 세우고 수영의 평형 동작을 한다. 5~10회 실시.

다리를 좌우로 흔든다. 처음에는 가볍고 작게 3~5회, 마지막에는 크게 3~5회 실시한다.(총 6~10회) 반대편도 똑같이 실시.

다리를 앞뒤로 흔든다. 처음에는 가볍고 작게 3~5회, 마지막에는 크게 3~5회 실시한다.(총 6~10회) 반대편도 똑같이 실시.

한쪽 발을 앞으로 크게 내딛고 허리를 천천히 아래로 내린다. 좌우 5회, 총 10회 실시.

발목을 상하좌우로 돌린다. 좌우 5회씩 총 10회 실시.

노르딕 워킹은 운동량이 일반 워킹보다 많기 때문에
시간을 들여 동적 스트레칭과 정적 스트레칭을 실시해야 한다

노르딕 워킹은 효과적인 '유산소 운동'으로 하반신뿐만 아니라 팔을 비롯한 상반신의 근육을 사용하는 전신 운동이다. 그래서 워킹을 시작하기 전에 동적 스트레칭을 반드시 해야 한다. 또 워킹 후에는 피로를 풀기 위해 정적 스트레칭도 한다.

● 정적 스트레칭

등 뒤에서 폴을 들고 아래로 폴을 당긴다. 20~30초간 실시.

한 발을 다른 발의 무릎에 올리고 천천히 앉으며 엉덩이를 스트레칭한다. 20~30초간 실시.

발바닥 전체를 폴에 밀착하고 폴을 몸 쪽으로 당겨 아킬레스건을 스트레칭한다. 20~30초간 실시.

폴을 든 손의 반대편에 폴을 세우고, 상반신을 인사하듯 앞으로 굽혀 견갑골 부근과 상완이두근을 스트레칭한다. 20~30초간 실시.

등이 똑바로 펴지도록 폴과 몸 사이에 간격을 두고 상반신을 아래로 숙인다. 20~30초간 실시.

러닝의 기본 PART 1

달리기의 기본은 '탈력'이다

'탈력'이란 최소한의 힘으로 달리는 것

먼저 자신이 달리는 모습을 떠올려보자. 달릴 때 어깨나 턱을 들지는 않는가? 혹은 이를 악물고 달리지는 않는가? 또는 주먹을 꽉 쥐거나 뻣뻣하게 펴고 달리지는 않는가? 이처럼 불필요한 곳에 힘을 주면 시간이 흐르면서 쉽게 지치고 만다. 어디서 달리든 달리기의 기본은 '탈력'(脫力)이다. 그렇다고 축 늘어지라는 뜻이 아니다. 최소한의 힘으로 달려야 한다는 의미다. 숨을 크게 쉬고 어깨에 힘을 빼면 쉽게 '탈력'을 할 수 있다. 물론 처음부터 쉽지는 않다. 의

식하지 않으면 좀처럼 몸에 익지 않는다.

평소 달리기 연습을 할 때 '탈력'을 의식하는 것이 중요하다. 마라톤은 아스팔트 위를 달리기 때문에 지면이 안정적이라 큰 동작으로 달릴 수 있지만, 트레일 러닝은 지면이 불안정하기 때문에 달리는 자세가 다르다. 트레일 러닝은 자연스러운 중심 이동과 변화무쌍한 트레일에 대응할 수 있도록 몸이 유연해야 한다. 몸에 불필요한 부담을 주지 않는 자세로 달리는 것이 기본이다.

CHECK! 어깨의 힘을 빼는 것이 '탈력'의 기본

어깨에 힘이 들어가면 온몸이 경직되어 '탈력'이 불가능하다. '탈력'을 잘 모르겠다면 본인이 좋아하는 스포츠 경기를 떠올려보자. 휴식이나 타임아웃 때 코치가 선수의 어깨를 가볍게 두드리는 모습을 자주 볼 수 있다. 이는 선수 어깨의 힘을 빼서 '탈력'을 쉽게 하기 위함이다. 달리면서 숨을 크게 뱉어 팔을 아래로 떨어뜨리는 듯한 동작을 취하기도 한다. 마라톤 중계에서 선수들이 이런 몸짓을 하는 장면을 자주 볼 수 있다.

08 러닝의 기본 PART 2

달릴 때 지켜야 할 네 가지 기본 사항과 포인트

🔵 몸의 축

🏔 올바른 자세를 취하려면 등을 펴고 아랫배를 당긴다. 배꼽 아래를 의식하면서 머리부터 등, 허리, 발뒤꿈치까지 일직선이 되어야 한다. 몸의 축이 일직선을 이루면 근육을 사용하지 않고 골격만으로 몸을 지탱할 수 있어 피로가 적다. 반대로 등이 구부정한 자세를 취하면 쉽게 피로해진다.

🔵 발끝의 방향

🏔 천천히 걸으면서 자신의 발을 확인해보자. 발끝의 방향이 어떤가? 바깥쪽을 향하거나 안쪽을 향하지는 않는가? 평지를 걸을 때나 달릴 때 발끝은 항상 진행 방향을 향해야 한다. 이를 지키지 않으면 다리에 부담이 커져 무릎에 통증이 생기거나 발목을 접질릴 수 있다.

POINT!

탈력을 포함해서 달리기의 네 가지 기본 사항을 달릴 때뿐만 아니라 일상생활에서 걸을 때도 의식해서 몸에 완전히 배도록 하자.

탄력을 유지하며 '발끝의 방향' '몸의 축' '팔 흔들기' '발의 움직임'을 의식하자

● 팔 흔들기

평소 팔의 움직임을 의식하는 사람은 그다지 많지 않을 것이다. 혹시 팔꿈치를 벌려 좌우로 흔들고 있지는 않는가? 이런 자세는 추진력이 생기지 않는다. 팔을 흔드는 동작은 추진력을 얻기 위해 매우 중요하다. 팔을 흔들 때는 견갑골로 팔꿈치를 당겨야 한다. 이렇게 하면 몸이 앞으로 나아가는 느낌을 받을 수 있다. 그리고 팔꿈치를 당기면 등이 굽는 현상이 개선되고 호흡이 편안해져 멋진 자세를 만들 수 있다.

● 발의 움직임

불필요한 에너지 소모 없이 달리기 위해서는 지면을 튀어 오르듯이 달려서는 안 된다. 몸의 무게중심이 되는 발을 기점으로 몸의 무게중심을 앞으로 이동시킨다는 느낌으로 달려야 한다. 착지한 발을 기점으로 골반이 앞으로 나간다는 느낌에 주목하자. 축이 되는 발의 골반을 중심으로 발을 회전시키듯 움직이면 몸이 상하로 움직이려는 힘을 억제할 수 있으며, 무릎을 필요 이상으로 들어 올리지 않고 발바닥 전체가 지면을 스치는 듯한 느낌으로 달릴 수 있다. 그리고 허리는 견갑골로 팔꿈치를 확실히 당겨서 달리면 움직임이 자연스럽다.

POINT!
걸을 때 의식하지 않으면 달릴 때도 의식할 수 없다. 경기 중에는 말할 필요도 없고 일상생활에서도 올바른 자세와 동작을 유지한다.

사진 찍기는 트레일 러닝의
또 다른 즐거움

메모 대신에 디지털카메라나 스마트폰으로 사진을 찍으면 여러모로 편리하다. 등산로 입구에 도착하면 돌아갈 버스의 시간표를 메모하는 대신에 촬영하거나, 러닝을 하는 도중에 명소나 사찰 등의 유래가 적힌 안내판을 찍어두면 나중에 도움이 된다.

등산로 입구 표지판도 기념이 될 수 있으니 찍어두자. 걸을 때는 사진 찍을 여유가 있지만 달릴 때는 좀처럼 찍어야겠다는 생각이 안 든다. 그렇지만 오르막에서 투지 넘치는 표정을 찍어두면 의미 있는 기념사진이 될 것이다.

산에는 평지에서 볼 수 없는 예쁜 꽃이 많다. 꽃 한 송이만 확대해 찍거나 자생지를 찍어도 좋고, 주변 산을 배경으로 찍어도 좋다. 날씨가 나빠 면 산이 잘 보이지 않는다면 이렇게 꽃이나 식물만 집중적으로 찍어도 좋다. 꽃 사진은 맑은 날보다 흐린 날에 찍기가 좋다.

고산식물은 혹독한 자연환경을 이겨내고 꽃을 피운다. 꽃밭에 들어가 사진을 찍고 싶겠지만 등산로 이외에 발을 들여놓는 것은 금지다. 또한 위험하거나 통행량이 많은 장소에서는 삼각대를 사용하지 말고 카메라의 감도를 높여 손에 들고 찍거나 눈으로만 즐기자. 자연은 모두의 것이니까 말이다.

트레일을 달리다 보면 목적지인 산봉우리나 부근 산들이 보일 것이다. 산의 표정은 보는 장소나 각도, 시간 및 날씨에 따라 시시각각 변한다. '산이 멋지구나.'라는 생각이 들면 카메라를 꺼내자. 지나친 뒤에 후회하지 말고 '여기다!'라는 생각이 들면 찍어두자.

처음 가는 산이라면 사전에 촬영 장소를 조사해서 거기서 쉬는 계획으로 움직이면 편리하다. 자주 가는 산이라면 평소와 다른 시간대에 올라보자. 전에 알지 못했던 모습을 사진에 담을 수 있다. 계절이 변하면 산의 표정이 달라진다. 이 변화도 놓치지 말자.

CHAPTER 02

오르막의 기술

'빨리 달리기'보다는 '빨리 오르기'

01 오르막의 기본 PART 1

완경사를 오를 때 주의점

경사가 급할수록 체력 소모를 줄이는 방법이 필요하다

트레일 러닝은 오르막에서 심폐 기능, 체력, 다리의 힘이 극도로 필요한 스포츠다. 그런데 오르막을 만나면 '열심히 달리자'는 생각이 들어 필요 이상으로 힘이 들어간다. 경사가 급할수록 '탈력'을 다시 떠올리고 최소한의 힘으로 올라야 한다. 다시 말해 쓸데없이 힘을 쓰지 않는 것이 중요하다. 평소보다 좁은 보폭으로 달리는 방법도 좋다. 오르막에서 무리하면 심박수가 급격히 상승해 금세 피로해지므로 주의하자.

또 초보자라면 무리해서 달리기보다는 천천히 걷는 편이 오히려 좋을 수 있다. 오르막을 많이 경험하다 보면 경사가 급할 때는 달리기 속도와 걷기 속도가 별반 차이가 없음을 깨닫는다. 수시로 오르락내리락하는 트레일 러닝은 현명하게 경기를 운영하지 않으면 체력이 고갈되어 오래 달릴 수 없다. 장거리 경기라면 어떤 프로 선수도 모든 오르막을 달려서 오르지 않는다. 오르막과 내리막뿐만 아니라 트레일 러닝은 달리기가 힘들면 언제든 걸어도 되는 스포츠다.

트레일 러닝이 익숙해지면 오르막의 기울기 정도에 따라 달릴 것인지 아니면 걸을 것인지를 스스로 판단해서 조절할 수 있다. 예를 들어 경사가 완만하더라도 체력 안배가 필요하다면 걸어도 된다.

POINT!

오르막에서는 일단 달리자는 생각이 강해진다. 여기서 무리하지 말고 체력을 아끼면서 오르자. 트레일 러닝의 기본은 탈력이다.

02 오르막의 기본 PART 2

발끝으로 지면을 차는 일 없이 발바닥 전체로 착지해서
그대로 무릎을 들어 올린다

뒷발에 집중하면서 절대로 발끝으로 지면을 차지 않도록 한다

오르막을 달릴 때는 발바닥 전체로 착지하고, 그대로 진행 방향으로 무릎을 들어 올려야 한다. 이렇게 하면 발끝으로 지면을 차지 않고 오를 수 있다. 뒷발에 의식을 집중해서 절대로 발끝으로 지면을 차지 않도록 주의하자.

오르막에서는 뒷발의 발끝과 발뒤꿈치가 지면에서 동시에 떨어져야 한다. 발끝으로 지면을 차듯이 뛰면

종아리에 피로가 누적되어 경련을 일으킬 수 있다. 또한 발끝은 착지 면적도 작기 때문에 미끄러지기 쉽다. 불필요한 근육을 사용하지 않으려면 보폭을 줄이는 것이 좋다. 보폭이 크면 몸 전체를 이용해 올라야 하는데, 그러면 다리는 물론이고 온몸에 피로가 쌓인다. 보폭을 줄이면 다리 근육에 부담도 줄어든다.

CHECK!

CHECK! 오르막에서는 발바닥 전체로 착지한다

착지할 때는 발바닥 전체로 지면을 딛는다. 지면이 미끄러울수록 의식적으로 발바닥 전체로 착지해야 한다. 발바닥 전체로 착지하면 지면과의 마찰력이 커져 미끄러지는 것을 방지할 수 있다. 미끄러지면 바로 체력 소모로 이어지니 특히 주의하자.

발바닥 전체로 착지한 뒤에는 지면을 차는 게 아니라 지면을 민다는 기분으로 달려야 한다. 보통 트랙을 달리는 사람은 발끝으로 지면을 차는 경향이 있다. 트레일 러닝을 하면서 종아리가 쉽게 피로해진다면 발바닥 전체로 착지하는 훈련이 필요하다.

03 효율적이고 편하게 오르기 위한 테크닉

몸의 축을 앞으로 기울이고 보폭을 의식하자

다리가 지면에 닿으면 재빨리 모든 체중을 실어 몸이 앞으로 기운 자세를 유지하자

오르막을 오를 때 상반신만 앞으로 기울이면 허리에 통증이 생긴다. 그래서 발목부터 머리 끝으로 이어지는 '몸의 축'을 앞으로 기울이는 것이 좋다. 또 무릎을 확실히 당기고 골반의 움직임으로 다리 전체를 올린다는 기분으로 달려야 한다. 이렇게 하면 다리의 피로를 줄일 수 있다.

다리가 지면에 닿으면 재빨리 체중을 실어, 다른 쪽 발이 앞으로 나가기 편하도록 앞으로 기운 자세를 유지하자. 이때 체중은 이동되었는데 몸의 축이 기울어지지 않으면 다음 발이 앞으로 나가지 못한다. 오르막에서는 '몸의 축'이 기울어지는 게 중요하다.

몸 전체의 리듬을 살려 오르막을 올라야 한다. 그렇다고 무릎을 많이 올리거나 보폭을 크게 해서는 안 되며 일정한 리듬을 유지하며 오르는 것이 중요하다. 마음속으로 '하나 둘, 하나 둘' 외치며 리듬감을 주는 것도 좋은 방법이다.

발끝을 진행 방향과 일치시켜 근육을 효과적으로 사용하자

오르막에서는 특히 발끝 방향이 중요하다. 초보자가 반드시 오르겠다는 일념으로 뛰다 보면 발끝이 팔(八)자로 벌어져 게걸음이 되는 경우가 많으니 주의하자. 발끝을 진행 방향과 일치시키면 허벅지 앞뒤의 근육과 엉덩이 근육을 효과적으로 사용할 수 있다. 보폭을 줄이면 몸이 움직이는 거리가 줄어들어 다리 근육에 부담이 적어진다. 보폭을 키워 빨리 오르려고 할수록 몸의 움직임이 커지고 다리에 부담도 급격히 커진다.

발바닥 전체가 지면에 닿도록 의식하며 오르자. 이러면 종아리 근육이 이완된 상태로 달릴 수 있으므로 과도한 근육의 수축과 이완에 따른 피로감을 피할 수 있다. 게다가 신발 바닥과 지면의 접지 면적이 커지기 때문에 미끄러져 넘어지는 일도 방지할 수 있다.

04 급경사 오르기

좁은 보폭으로 급경사를 오른다

견갑골로 팔꿈치를 당기고 흔들 때 '몸의 축'이 중요하다

경사가 급한 오르막을 오를 때 보폭이 크면 쉽게 지친다. 좁은 보폭과 넓은 보폭으로 걸어보면 그 차이를 금방 체감할 수 있다.

보폭을 좁히면 걸음이 빨라져 전반적으로 속도도 빨라진다. 이때 팔 동작과 몸의 기울기를 유지하는 게 중요하다.

오르막을 오를 때 몸이 힘들면 아무래도 자세가 고양이 등처럼 굽기 때문에 '몸의 축'을 의식하고 시선은 2~3m 앞쪽을 보는 것이 좋다.

POINT!

오르막에서는 몸의 축을 의식
하면서 좁은 보폭으로 오르는
것이 기본이다.

CHECK! 시선은 가능한 한 앞을 보고 몸의 기울기를 유지하자

지치면 시선이 자연히 아래를 향한다. 이럴 때는 뛰
지 말고 걸으면 된다. 힘을 내려고 해도 다리에 피
로가 쌓이면 좀처럼 생각대로 움직이지 않는다. '달
리기 힘들면 걷는다.' 이것이 트레일 러닝의 큰 특
징이다.

　몸의 축을 앞으로 기운 자세를 유지하려면 시선
도 중요하다. 시선은 아래가 아니라 2~3m 앞쪽
을 보는 것이 좋다. 지치면 아무래도 머리가 숙여지
고 시선도 아래를 향하기 때문에 다소 힘들더라도
의식적으로 머리를 들어 앞쪽을 보려고 노력해야
한다.

05 걸으며 오를 때 효과적인 방법

급경사에서는 뛰기보다 걷는 편이 좋다

허벅지에 손을 얹고 팔로 눌러가며 추진력을 얻는다

트레일 러닝에서는 뛰는 것이 기본이지만 상황에 따라서는 걷기도 한다. 여기서는 오르막을 오를 때 효과적으로 걷는 방법을 소개하겠다.

경사가 급한 오르막이라면 열심히 앞으로 뛴다고 해도 속도를 내기가 어렵다. 오히려 걷는 편이 더 빠를 때도 있다. 게다가 의욕이 앞서면 필요 이상으로 힘을 소진하고 쉽게 지쳐서 역효과를 내고 만다. 이럴 때는 걷는 것이 좋은데, 사진처럼 팔을 이용해서 걷는 방법이 효과적이다.

내딛는 다리의 허벅지에 손바닥을 대고 팔을 펴는 힘을 다리에 전달하며 상체를 전진시킨다. 경사도에 따라 손 위치가 달라지는데, 완만하다면 큰 힘이 필요 없기 때문에 가볍게 허벅지 근처에 손을 두면 되고, 경사가 심하면 무릎 부근에 손을 얹고 팔로 눌러가며 추진력을 얻는다.

팔 힘을 사용하더라도 등이 굽은 자세라면 소용없다. 등을 펴고 몸이 앞쪽으로 기운 자세를 유지하면서 다리에 팔 힘을 보태야 추진력이 생기고 안정감이 있다. 오르막을 오를 때는 다리가 후들거려 자칫 위험할 수 있기 때문에 안정적인 자세를 취하는 것이 중요하다.

오르막에서는 발바닥 전체로 착지하고, 발끝으로 지면을 차지 말고 걸어 오르는 것이 가장 이상적이다. 의욕이 앞서 거칠게 숨을 쉬며 오르면 금세 지치기 때문에 천천히 같은 페이스를 유지하며 오르도록 하자. 호흡이 거칠어지면 페이스가 떨어진다. 산소가 충분히 공급되도록 호흡에도 신경을 쓰는 것이 좋다.

06 폴을 이용한 오르기

폴로 큰 추진력을 얻을 수 있다

잰걸음에 맞춰 폴도 군더더기 없이 사용하자

노르딕 워킹 전용 폴을 사용해 오르막을 오를 때도 걷거나 뛸 때와 마찬가지로 몸의 축을 앞으로 기울인다. 폴로 지면을 확실히 짚으며 앞으로 나아간다.

폴을 사용하면 보폭을 넓혀 걸을 수 있다. 또 완만한 오르막에서는 팔 힘만으로 충분하지만 경사가 급해지면 등 근육도 함께 사용한다. 더 큰 추진력이 생기기 때문에 효율적이다.

경사가 급할 때는 완만할 때와 달리 진행 방향 앞쪽을 폴로 확실히 짚어 눌러야 한다. 다리의 부담을 줄이기 위해 폴에 체중을 싣고, 팔을 뒤로 뻗어서 상체를 경사면 위로 밀어내듯이 진행한다. 이처럼 폴의 그립 부분이 몸 옆을 통과할 때 폴을 경사면 아래로 밀어내면 보다 큰 추진력이 생긴다. 이때 잰걸음에 맞춰 팔꿈치 각도를 크게 바꾸지 말고 폴도 군더더기 없이 사용하는 것이 중요하다.

오르막에서 폴을 사용하면 다리에 가해지는 부담이 상반신으로 나눠져 한결 수월하다. 그러나 폴에 지나치게 의존하면 몸의 균형이 깨져 자세가 흔들릴 수 있으니 주의하자.

CHECK! 그립은 진행 방향과 일치시킨다

폴을 사용할 때는 어깨에 힘을 빼고 그립을 진행 방향에 맞춰 흔든다. 그립이 가슴 앞으로 오면 폴을 지면에 짚을 때 비스듬해지고, 팔 힘을 충분히 전달할 수 없다. 팔을 흔들 때는 그립을 진행 방향에 맞춰 똑바로 들어 올린다. 또한 똑바로 뒤로 밀어내는 동작이 중요하다. 자세가 잘 나오지 않는다면 평지에서 충분히 연습하도록 하자.

07

계단 오르기

페이스를 잃지 말고 한 계단씩 확실히 오르자

CHECK! 발바닥 전체가 지면
에 닿도록 착지한다

계단을 오를 때도 발바닥 전체
로 착지하는 것이 기본이다. 발
끝으로 착지하면 발목 각도가
흐트러진다. 따라서 종아리 근육
이 발달되어 있어야 가능하다.

무게중심을 앞에 두고
계단에 맞춰 리듬감을 살려 오른다

산속에서 흔히 볼 수 있는 계단은 흙이 무너지지 않도록 나무나 돌로 고정한다. 최대한 자연경관을 훼손하지 않도록 설치하기 때문에 일반적인 계단처럼 높낮이가 일정하지 않고 불규칙적이다. 그래서 똑같은 리듬으로 오를 수가 없다.

계단을 오를 때는 가슴을 펴고 몸의 축을 기울여 항상 무게중심을 앞에 둬야 한다. 이때 발끝 방향에 주의하자. 발끝은 팔자로 벌려서는 안 된다. 발끝을 잘 활용해 발을 조금씩 내디디며 오르는 것이 중요하다. 가능한 한 높이가 낮은 곳을 선택하는 것도 좋은 방법이다.

몸이 위아래로 크게 움직이지 않도록 주의해야 하는데, 극단적으로 말하면 미끄러지듯이 오르는 모양새가 이상적이다.

이때 몸에 힘을 빼고 무게중심을 앞에 두면서 계단의 폭과 높이에 맞춰 리듬감 있게 발을 내딛는 것이 중요하다. 힘 있게 오르기보다는 가볍게 리듬감을 살려 오른다는 이미지를 떠올리면서 올라가자.

계단의 높낮이가 다양하다면 가능한 한 낮은 쪽을 선택하는 것이 좋다. 그리고 지쳤다면 무리해서 뛰지 말고 걸어서 오르자.

CHECK!

CHECK! 계단 여러 단을 한 번에 오르면 근육 피로가 커진다

계단을 오를 때는 한 번에 두 단 이상씩 오르지 않도록 하자. 하나씩 착실히 자신의 페이스로 오르는 것이 중요하다. 그렇지 않으면 심박수가 오르고, 체력 소모가 크며, 페이스가 떨어지기 쉽다. 빨리 오르겠다는 욕심으로 과도한 힘을 쓰면서 보폭을 넓히면 몸이 크게 흔들리기 때문에 발에 부담이 커진다. 즉 필요 이상으로 체력을 많이 소모한다.

08 돌길 오르기

착지가 불안정하니 주의하며 오르자

하반신을 주로 사용하고, 허리를 잘 써서 좁은 보폭으로 오른다

🏔 돌길에는 크고 작은 돌이 어지럽게 흩어져 있다. 돌이 드러나 있는 경우도 많으니 돌길을 통과할 때는 낙석에도 세심한 주의가 필요하다. 이처럼 길이 매우 거칠기 때문에 초보자에게는 부담일 수 있다.

돌길을 오를 때는 불안정한 지면 때문에 상체가 흔들리기 쉽다. 이 탓에 뛰는 자세도 매우 불안정해진다. 그래서 '몸의 축'이 앞으로 기운 자세를 유지하고, 발아래를 신속히 확인하면서 하반신을 주로 활용해서 좁은 보폭으로 올라야 한다.

착지할 때 발을 지면이나 돌에 살짝 올려놓는다는 감각으로 오르면 안정감을 찾을 수 있다. 이렇게 하면 머리 위치와 시선이 안정적이며, 달릴 때도 돌길 상태에 맞춰서 대응할 수 있기 때문에 갑자기 돌이 움직이더라도 순간적으로 대처할 수 있다.

돌길이 급경사라면 낙석도 충분히 주의해야 한다. 앞서 달리는 사람 바로 뒤에서 오르는 것은 절대 금물이며 충분히 거리를 두도록 하자. 앞사람과의 거리가 충분하면 낙석이 발생해도 대처할 시간 여유가 있다.

트레일 러닝을 하다 보면 큰 암석으로 이루어진 오르막을 만나기도 한다. 하지만 그 위를 달리면서 오르는 경우는 없다. 일반적인 트레킹이나 등산을 하듯 걸어서 오른다. 속도보다는 안전이 중요하다는 점을 명심하자.

이런 장소를 안전하게 오르기 위해서는 지점 세 군데를 의식해야 한다. 이러한 '3점 지지'는 산을 오를 때 반드시 필요하다. '3점 지지'를 간단히 설명하면 바위를 오를 때 양손과 양발 4점 중 3점은 반드시 지탱해서 안정감을 확보하는 기술을 말한다.

상체의 안정을 확보했다면 다음 발 또는 다음 손을 내딛자. 미리 코스의 상태를 알고 있다면 손을 보호할 수 있는 장갑을 사전에 준비하자.

오르막에서 코너를 만났을 때

인코스로 진입해 거리와 시간을 단축한다

코너 반대편이 보이지 않을 때는 일단 주의하자

오르막에서 코너를 만나면 거리와 시간을 단축하기 위해 가능한 한 코너 안쪽으로 달리는 것이 좋다. 코너에서는 보폭을 줄이고, 사진처럼 코너 반대편이 보이지 않는다면 위에서 내려오는 사람이 있을 수 있기 때문에 충분히 주의하자. 상대가 걸어 내려온다면 그나마 괜찮지만 빠른 속도로 뛰어 내려오는 경우가 많아 충돌하면 위험하다.

일반적으로 내리막에서는 코너 바깥쪽으로 크게 돌며 내려오는 경우가 많지만 만일에 대비해 발소리에 귀를 기울이는 등 주위 상황을 꼼꼼히 점검하자. 이런 곳에서는 내려오는 사람과 올라가는 사람 모두 세심히 주의해야 한다.

CHECK! 내리막을 빨리 내려갈 때는 아웃코스를 이용한다

오르막에서 아웃코스로 달리면 시간과 거리에서 손해를 볼 뿐만 아니라 위험하기도 하다. 내려오는 사람은 길가의 둔덕을 이용해 속도를 내며 코너를 크게 돌기 때문에 정면충돌할 가능성이 있다. '산에서는 오르는 사람이 우선'이지만 이처럼 사각이 존재하는 코너에서는 충분히 주의해야 한다.

트레일 한가운데에 큰 돌이 있는 경우

돌이 젖어 있지 않은지 신속히 확인한다

안전 확보를 위해 신발 밑창 전체로 돌을 디디자

트레일 러닝을 즐기다 보면 땅속에 박힌 큰 돌을 밟고 지나가야 하는 일도 생긴다. 이때 돌이 젖어 있지 않은지 재빨리 판단한다. 만약 젖어 있다면 피해서 지나치는 것이 좋다. 젖은 돌을 밟으면 매우 미끄럽기 때문이다.

돌이 젖어 있다면 근처의 지면도 젖었을 가능성이 크기 때문에 주의한다. 돌이 젖지 않았다면 보폭을 키워 뛰어넘지 말고, 돌을 밟고 넘어가는 편이 효율

적이다. 지면에 박힌 큰 돌은 고정되어 있기 때문에 안심할 수 있다.

돌을 밟고 넘어갈 때는 미리 자신이 통과할 곳의 상태를 파악해서 평평하거나 높이가 낮은 곳을 선택한다. 그래야 안전하고 효율적인 달리기가 된다. 초보자가 이런 판단을 재빠르게 할 수는 없다. 경험치가 쌓이다 보면 자연스럽고 빠르게 상황을 판단하는 능력이 생긴다.

11 오르막에서 노면이 나쁠 때 코스 선택법

사람이 지나간 흔적을 따라 오른다

코스 상태를 빨리 판단하려면 시선을 앞에 둬야 한다

달릴 때 돌이나 나뭇가지가 보인다면 피해서 오르는 게 좋다. 산길에도 사람이 지나간 흔적이 많은 곳이 있다. 그 길을 따라 오르도록 하자. 아무래도 사람들은 편한 곳을 선택해서 오르기 마련이다.

시간이나 거리를 단축하기 위해 무작정 오르다 보면 장애물을 만나거나 발이 걸리는 경우가 생기기 때문에 사람들이 지나간 흔적이 많은 길을 선택하는 게 좋다. 노면이 나쁠 때는 빠른 판단력이 중요하니, 머리를 들고 앞을 보면서 코스 상태를 면밀히 파악한다.

CHECK! 무리해서 장애물을 건너뛰지 않는다

사람이 많이 지나는 곳이 아닌 최단 거리로 오르다 보면 생각지 못한 장애물을 만난다. 장애물을 뛰어넘다 보면 체력이 빨리 소진되기 때문에 체력 안배가 원활하지 못하다.

12 큰 고랑이 있을 때 코스 선택법

가능한 한 지면이 높은 곳을 선택한다

비가 내린 후에는 지면이 젖거나 물웅덩이가 생기므로 주의하자

큰 고랑은 피하고 높은 곳을 달리자. 고랑은 비가 내렸을 때 물이 흐르면서 생긴 곳이다. 비가 안 오더라도 고랑 안은 젖어서 질척이거나 여전히 물이 고여 있을 수 있다. 특히 비가 온 후라면 미끄럽기 때문에 매우 위험하다. 고랑 옆의 높은 지면을 달리는 것이 안전하다. 특히 가을에 낙엽이 쌓이면 고랑에 돌덩이가 있어도 보이지 않기 때문에 충분히 주의해야 한다.

13 코스에서 벗어나지 않기
코스를 따라 달리는 것이 기본이다

그늘진 곳은 비가 내린 후가 아니라도 지면이 젖어 있다

트레일이 좁더라도 코스를 벗어나지 말자. 트레일 러닝은 '코스만 달린다'는 원칙이 있기 때문이다. 다만 비가 내리면 좁은 트레일로 빗물이 흘러 내려간다. 그리고 사람이 자주 지나는 길은 잡초가 없는 대신 흙이 그대로 노출되어 있기 때문에 지면이 빗물을 머금고 있는 경우가 많다.

빗물은 아래에 있는 평지로 흘러가 고이지만, 고여 있지 않더라도 지면이 빗물을 머금고 있다면 위험하다. 이 때문에 특히 비가 내린 후에는 조심해야 한다. 또 산길에는 주위에 나무가 많기 때문에 햇볕이 들지 않는 곳이 많다. 지면이 축축한 경우가 많으니 겉으로는 문제없어 보이더라도 속도를 줄이고 충분히 주의하자. 달릴 때는 상황에 관계없이 늘 미끄러지지 않도록 세심한 주의가 필요하다. 힘들다고 코스를 벗어나서는 절대 안 된다.

14 폴을 이용한 돌길 오르기

팔꿈치에 여유를 두고 폴을 짚는다

CHECK! 폴을 이용해서 **오르막을 편하게 오르자**

오르막에서 폴을 사용할 때는 등 근육을 잘 활용해야 편하게 오를 수 있다. 오르막 코스에 취약한 사람이 폴을 사용하면 한결 편하다. 많은 사람들이 인정할 정도로 오르막에서 폴은 큰 효과를 발휘한다.

팔 힘이 아닌 등 근육을 활용하는 것이 중요하다

돌길에서 폴을 이용해 오를 때는 전진 방향으로 폴을 확실히 짚는 것이 중요하다. 이때 팔꿈치가 완전히 펴지면 체중을 폴에 실을 수 없다. 폴을 짚을 때 팔꿈치에 어느 정도 여유를 두자.

폴을 확실히 짚었다면 체중의 일부를 싣고 몸을 일으켜 세운다. 팔 힘만 사용하기보다는 등 근육을 활용해 일으켜 세운다는 느낌이 들어야 한다. 또 몸이 양팔의 폴을 통과한 후에도 팔 전체로 몸을 밀어내듯이 지면을 눌러준다. 오르막을 오를 때는 앞쪽을 향해 상체를 기울인다. 이 자세가 기본이다.

자외선으로부터
눈을 보호하는 선글라스

자외선은 주로 여름철에 강하다. 대략 4월부터 9월 사이에 연간 자외선량의 70%에서 80%가 내리쬔다. 이때 구름이 낀 날에도 자외선의 80%는 구름을 통과해 인체에 영향을 미친다. 하루 중에는 10시부터 14시 사이가 가장 강하다.

이 시간에 러너들이 가장 많이 활동하기 때문에 자외선으로부터 내 몸을 지킬 대책이 필요하다. 대부분 사람들은 자외선으로부터 피부를 보호하는 일을 떠올리지만, 실제로는 눈도 악영향을 받는다.

겨울철 설산에서 겪을 수 있는 설맹 증상을 들어본 적이 있을 것이다. 이는 고글이나 선글라스 없이 눈(雪)에 장시간 노출되면 눈이 부시고 눈물이 나는 증상을 말한다. 설맹으로 각막에 염증이 생기는데, 바로 증상이 나타나는 것은 아니다. 자외선이 장시간 눈으로 흡수되어야 발병하니 평소에 주의해야 한다.

설산에서 자외선을 막는 데 효과적인 고글이나 선글라스는 트레일 러닝에서도 유용하다. 선글라스는 강한 자외선을 차단하는 기능이 우수해야 하며, 패션 용품이 아니라 눈을 보호하는 목적으로 만든 실용적인 제품을 선택하는 것이 좋다.

선글라스는 나뭇가지나 나뭇잎, 벌레 등이 눈으로 들어오는 것을 막는 역할도 한다. 산속에서 눈을 다치면 행동에 큰 제약을 받기 때문에 선글라스는 자외선뿐만 아니라 여러 이물질이나 벌레로부터 눈을 보호하는 중요한 아이템임을 알아야 한다.

CHAPTER 03

내리막의 기술

내리막이 익숙해지면 훨씬 즐겁다

두려워 말고 조금씩 테크닉을 익히자

내리막은 트레일 러닝의 큰 매력 중 하나다. 내리막 달리기는 일상생활에서 거의 경험할 수 없는 일이다. 트레일을 자신이 그린 이미지대로 자연스러운 스텝을 밟으며 내려갈 수 있다면, 자신이 바람이 되어 자연과 하나가 된 듯한 신기한 느낌을 받을 수 있다. 이런 경험을 맛보고 나면 누구나 트레일 러닝에 흠뻑 빠질 수밖에 없다.

그러나 초보자는 내리막에서 보통 강한 공포심을 느끼기 때문에 대부분 주저한다. 내리막 코스의 경사가 심하면 '이대로 달리다가는 넘어지거나 나무에 충돌할지도 모른다.'라는 공포심이 생기기 마련이다.

트레일 러닝은 일반 달리기와 달리 길 상태가 나쁜 산길을 달리기 때문에 속도를 효율적으로 조절하면서 내려오는 기술이 필요하다. 처음에는 좁은 보폭으로 천천히 내려오는 것이 좋다.

평소 '내리막에서 넘어지지 않으려면 어떻게 해요?'라는 질문을 많이 받는다. 하지만 절대 넘어지지 않는 방법은 없다. 다만 가능한 한 넘어지지 않기 위

해 숙지하고 활용할 수 있는 방법은 있다.

　내리막을 두려워하면 다음과 같은 사태를 순서대로 겪게 된다. 먼저, 자신도 모르게 허리를 굽히고 → 발뒤꿈치로 착지하며 → 착지 면적이 작아지고 → 이 때문에 마찰이 줄어들며 → 미끄러지기 쉬워 → 엉덩이로 넘어진다. 이런 일을 겪는 사람은 누구나 '내리막은 무섭다.'라고 생각한다. 이런 악순환을 막기 위해서는 먼저 '내리막은 무섭지 않다.'라는 생각을 하는 게 중요하다.

CHECK! 내리막을 겪으면 겪을수록 기술이 향상된다

처음에는 공포심이 느껴지지 않는 속도로 내려가다가 익숙해지면 서서히 속도를 높여보자. '이 정도 속도라면 괜찮겠다.'라는 감각이 생긴다. 그러면서 점점 한계 속도도 올라갈 것이다. 아무튼 내리막은 많이 겪을수록 기술이 늘기 때문에 적극적으로 연습해두자.

02 내리막의 기본 PART 2

몸을 앞으로 기울이고 만일의 사태에 대비한다

O

X

몸의 축이 지면과 수직을 이루고,
몸이 다소 앞으로 기운다는 느낌으로 달리자

처음에는 보폭이 좁더라도 안전하고 확실하게 내려가는 것이 중요하다. 무게중심을 아래에 두고 달리면 안정적이다. 초보자는 누구나 넘어지는 것이 두려워 몸의 축을 뒤로 젖히며 달리는 경향이 있다. 이런 자세를 취하면 체중이 발뒤꿈치로 쏠려 발바닥 전체로 지면을 딛지 못해 결국 균형을 잃고 넘어지고 만다.

상체는 항상 진행 방향 앞에 둔다고 생각하자. 자세를 의식하고 발의 속도에 상체가 뒤처지지 않도록 한다. 넘어질까 두려워하지 말고, 몸의 축이 지면과 수직을 이루게 하고, 몸이 다소 앞으로 기운다는 느낌으로 달린다. 이렇게 하면 주저하는 상황이 발생하더라도 다음 스텝을 재빨리 앞으로 내디딜 수 있기 때문에 넘어지는 것을 방지할 수 있다. 내리막에서는 '몸을 앞에 두고, 다리가 그 뒤를 따른다.'라는 생각을 항상 염두에 두는 것이 중요하다.

CHECK! 한계 속도를 알고 속도를 조절하자

내리막에서는 공포심 때문에 몸에 힘이 많이 들어간다. 그래서 '탈력'을 항상 의식해야 한다. 내리막에서는 발이 자연스럽게 진행 방향으로 향하기 때문에 몸에 힘을 빼고 달려야 한다. 몸에 힘을 빼면 긴장이 풀리고, 다리의 피로도 최소화하면서 속도를 효율적으로 조절할 수 있다. 몸에 잔뜩 힘이 들어간 상태에서 달리면 몸을 통제할 수 없어 속도 조절이 힘들 뿐만 아니라 균형이 흐트러져도 순간적으로 대응하지 못한다. 또한 속도가 빨라지는 것을 무서워하면 무의식적으로 착지하는 발에 브레이크를 걸어 결국 발 통증의 원인이 되기도 한다. 일단은 '이 정도 내리막 코스라면 이 정도 속도가 적절하다.'라고 하는 자신만의 한계 속도를 알고 속도를 조절하는 것이 중요하다. 한계 속도는 반복 연습을 통해 자연스럽게 알 수 있다.

03 내리막의 기본 PART 3

발바닥 전체로 착지한다

POINT!

발바닥 전체로 착지해야 몸이 상하로 크게 움직이지 않고, 허리의 위치도 경사면과 평행을 이루며 움직인다.

발끝을 진행 방향에 두고 발바닥 전체로 착지하자

▲▲▲ 트레일 러닝에서는 '내리막을 얼마나 빨리 달리는가?'가 중요한 문제다. 내리막을 잘 달리기 위해서는 발바닥 전체로 지면을 확실히 밟으며 달려야 한다. 발바닥 전체로 착지하면 발과 지면의 접지면이 커져 그만큼 마찰이 커지기 때문에 잘 미끄러지지 않는다. 내리막을 쾌적하게 달릴 수 있다면 트레일 러닝이 즐겁고 달릴 때 기분도 좋다. 무엇보다 내리막을 달리는 모습 자체가 멋지다. 게다가 속도마저 빠르다면 시간도 단축할 수 있다. 내리막을 마스터하면 이렇게 많은 이점이 있음을 명심하자.

착지할 때는 발끝을 확실히 진행 방향에 두고 발바닥으로 지면 상태를 순간적으로 살피면서 지면에서 전해지는 충격을 최소화한다.

착지하는 발을 축으로 몸의 무게중심을 진행 방향으로 이동시키면서 발의 움직임이 늦지 않도록 상체를 앞으로 내밀자. 발을 디딜 때는 발뒤꿈치부터 엄지발가락 아래 두툼한 곳까지 걸친 부분으로 지면을 느끼면서 달린다. 그래야 지면 상태가 어떤지, 발을 어떻게 디디는 것이 좋은지를 알 수 있다. 이렇게 하면 몸이 위아래로 흔들리는 것을 최소화하면서 안정감 있고 부드럽게 내리막을 물 흐르듯이 내려갈 수 있다.

내리막에서는 허리 아래의 긴장을 풀고 유연성을 유지한다. 무릎을 가볍게 구부리고 트레일 상태에 맞춰 무릎을 자동차의 서스펜션처럼 활용해서 불필요한 흔들림을 최소화하자. 또한 착지 충격을 효과적으로 흡수하기 위해서는 착지하는 발을 축으로 무릎을 구부리면서 확실히 지면을 밟아야 한다.

CHECK! 내리막에서는 점프하지 않는다

트레일에는 다양한 장애물이 등장하는데 이를 굳이 점프하며 뛰어넘는 사람이 있다. 하지만 아무리 하반신 근력이나 순발력, 체력이 뛰어나도 최대한 점프는 하지 않는 것이 좋다. 점프하는 모습이 멋있게 보일지 몰라도 발에 큰 부담을 주며, 착지에 실패하면 부상을 입을 수 있다. 점프는 보기와는 달리 체력 소모가 크다. 물 흐르듯이 또는 스키를 타고 미끄러지듯이 내려가는 것이 좋다.

04 급경사 내려가기
슬라이드 주법으로 상하 움직임을 최소화하자

물 흐르듯이 또는 스키를 타고 미끄러지듯이 내려가자

상급자일수록 상하좌우의 움직임이 적고, 정지한 듯한 느낌으로 달린다. 왜냐하면 달릴 때 상체는 가능한 한 안정시키고 다리만 움직이며 트레일 상태에 맞춰 착지점을 고르기 때문에 몸의 축은 좌우로 크게 움직이지 않는다. 뒤에서 보면 하반신은 바쁘게 스텝을 밟지만 상반신은 트레일에 맞춰 똑바로 진행하는 것처럼 보인다.

스텝도 매우 가벼워 보이는데, 속도를 떨어뜨리지 않기 위해 착지하면서 재빨리 반대쪽 발도 움직이기 때문이다. 이처럼 착지 충격을 최소화하는 착지 기술을 익히면 다리의 피로를 크게 줄이며 달릴 수 있다.

'내리막에서는 허벅지가 금세 피로해지는데 어떻게

하면 될까요?'라는 질문을 많이 받는다. 내리막에서 허벅지는 브레이크와 충격 흡수 역할을 하기 때문에 당연히 쉽게 피로해진다. 통통 뛰면서 내려가면 허벅지에 부담이 커지기 때문에 조심해야 한다.

허리 아래는 최대한 유연성을 유지하고, 물이 흐르듯이 또는 스키를 타고 미끄러지듯이 내려간다는 기분으로 달린다. 이렇게 하면 피로를 줄이고 효율적으로 달릴 수 있다. 필자는 이를 '슬라이드 주법'이라고 부른다.

CHECK! 무섭다고 게걸음으로 내려가지 않는다

발끝이 바깥쪽으로 향하는 게걸음으로 내리막을 뛰어 내려가는 사람도 있다. 하지만 경사가 심해도 발끝은 진행 방향에 두고 달리는 것이 기본이다. 발끝이 바깥쪽을 향하면 관절을 다칠 가능성이 크다. 그리고 지면을 직각으로 내딛지 못하기 때문에 넘어지거나 발에 통증을 유발할 수 있다. 발끝을 바르게 하면 대개 속도가 빨라진다고 생각해서 경사면을 달릴 때 이를 꺼리는 경우가 있는데, 다리 움직임을 부드럽게 유지하며 내려가기 위해서는 발끝 방향이 진행 방향과 일치해야 한다. 무섭다고 발끝을 바깥으로 두는 게걸음 주법은 삼가자.

◎  ✕

05 지그재그로 내려가기

팔로 균형을 잡자

보폭을 줄이고 디딜 곳을 살피며 잰걸음으로 내려가자

급경사에서는 속도를 떨어뜨리지 않도록 발 디딜 곳을 순간으로 판단해야 한다. 가속이 붙으면 공포심도 커지기 때문에 경사면이 넓다면 코스를 지그재그로 내려가자. 속도를 조절할 수 있고 발의 충격도 완화할 수 있다. 큰 보폭으로 내려가는 것은 다리 근육에 부담을 준다. 처음에는 보폭을 줄여 확실히 디딜 곳을 살피며 잰걸음으로 천천히 내려가자. 안정적인 잰걸음으로 내려가려면 상체의 긴장을 풀고, 어깨 힘을 빼서 트레일 상태에 맞춰 균형을 잃지 않도록 팔을 흔드는 것이 중요하다. 이 지그재그 테크닉은 코너 직전에 속도를 줄일 때 사용하면 좋다.

돌출물

돌출물

CHECK! 속도를 내면 시야가 좁아져 위험하다. 속도에 익숙해지면 '시선'을 의식하자

트레일을 달리다 보면 공포심 때문인지 아무래도 자신의 발끝만 바라본다. 하지만 발끝만 봐서는 인지나 판단이 느려져 넘어질 위험이 커지며 페이스가 오르지 않는다. 그래서 고개를 들어 시선은 앞쪽에 두고 트레일 상태를 신속히 확인해야 한다. 특히 크게 위험하지 않다면 필요 이상으로 아래를 보지 않는 것이 좋다.

위험물이 있다면 미리 인지하고 발을 디딜 위치와 통과 방법 등을 달리면서 판단한다. 사진은 내리막 계단에서 통나무를 지탱하는 돌출물을 먼 거리에서 확인하고, 가까워지면 재차 확인한 후 통과하는 모습이다. 시선을 일정한 곳에 두지 말고 앞쪽이나 발끝을 보면서 트레일을 신속히 파악하는 것이 중요하다.

06 코너링

트레일의 상태를 재빨리 파악해 속도를 조절하자

내리막에서 급하게 꺾이는 코너가 보인다면 진입하기 전에 미리 코너 상태를 파악하자. 코너에 진입하기 전에 미리 보폭을 줄여 속도를 떨어트리고, 코너에 맞춰 상체를 예각(직각보다 작은 각)으로 기울이며 코너로 진입한다. 그리고 커브 크기에 따라 코너 안쪽으로 기울인 상체를 원상 복구하면서 일반적인 내리막 주법으로 달린다.

이때 몸의 기울기를 원상 복구하면서 동시에 가속하면, 코너로 들어서기 직전에 떨어트린 속도를 가장 빠른 타이밍에 회복할 수 있다. 단, 가속은 코너가 끝나고 직선 코스가 이어지는 경우에만 가능하다. 코너가 다시 이어지는 코스라면 떨어트린 속도를 일정하

중심 이동을 의식하며 시선과 상체 방향을 앞에 두고
물 흐르듯이 내려간다

CHECK! 앞쪽을 확실히 확인하면서 달리자

처음에는 무섭지만 경험이 쌓이면 어느 정도 눈앞의 트레일 상태를 파악할 수 있는 능력이 생긴다. 여유가 생기면 트레일 전체 상황이나 발 디딜 곳의 상태를 순간적으로 판단할 수 있어 안전하게 내리막을 달릴 수 있다. 경험이 많이 축적되면 발끝을 보다가 순간적으로 앞쪽을 주시하거나, 앞쪽을 주시하다가 순간적으로 발끝을 보는 등 상황에 따라 시선을 자유자재로 이동할 수 있다. 이 정도 수준이 되면 균형이 흐트러지더라도 회복 능력이 향상되기 때문에 넘어지거나 다른 사람과 부딪치는 상황을 피할 수 있다. 내리막의 코너링도 부드럽게 달릴 수 있다.

게 유지하면서 팔을 이용해 상체를 안정시키고, 좁은 보폭으로 스텝을 확실히 밟으며 진행하는 것이 중요하다. 빠른 속도로 착지하면 다리의 부담이 커져 발목에 통증을 유발할 수 있다. 코너에서는 트레일 상태를 신속히 파악해 중심 이동을 의식하면서 시선과 상체의 방향을 기울이며 물 흐르듯이 달리도록 하자.

07 폴을 사용해서 내려가기

내리막에서 폴을 이용해 속도를 조절하자

몸의 축을 다소 뒤로 젖히고 폴로 자세를 보조한다

내리막에서 폴을 사용하면 미끄러짐을 방지할 뿐만 아니라 속도가 지나치게 빨라지지 않도록 조절할 수 있다. 또한 앞발에 가중되는 압력(체중)이 폴로 분산되어 무릎에 가해지는 충격을 줄여주는 효과도 있다.

오르막이든 내리막이든 기본 기술은 평지와 마찬가지다. 폴을 짚어 몸을 지탱하면 폴을 사용하지 않을 때보다 안정적인 보행이 가능하고, 허리나 다리의 부담이 경감된다.

급경사나 계단에서 필요 이상으로 속도가 빨라지거나 미끄러진다면 폴을 활용해서 속도를 조절한다.

폴에 체중을 분산하면 허리나 다리에 받는 충격이 줄기 때문에 부상을 방지할 수 있다.

다만 주의할 점은 속도를 조절할 때 절대 폴에 체중을 싣지 않는 것이다. 내리막에서 폴이 미끄러지면 곧바로 넘어질 수 있다. 어디까지나 폴은 보조 역할을 한다는 점을 명심하자.

> **POINT!**
>
> 내리막에서는 아무래도 발아래를 신경 쓰기 때문에 시선이 아래를 향한다. 하지만 진행 방향을 주시해야 안정적인 자세로 내려갈 수 있다.

CHECK! 폴은 똑바로 내밀고 똑바로 당기자

폴을 사용할 때는 어깨에 힘을 빼고, 팔은 진행 방향에 맞춰 앞뒤로 똑바로 흔든다. 똑바로 내밀고 그대로 뒤로 당기면, 힘을 최소화하여 폴을 지면에 정확히 짚을 수 있다. 손잡이가 가슴 쪽으로 치우쳐서는 안 된다. 자세가 몸에 익지 않으면 멈춘 상태에서 몸의 축을 의식하며 반복 훈련을 해서 교정하자. 걷거나 뛸 때도 발끝은 항상 진행 방향을 향해야 한다. 이런 기본기를 지키지 않으면 무릎에 통증이 생기거나 발목을 삐는 등 부상 위험이 있다.

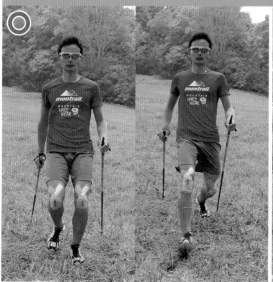

08 계단 내려가기

일직선으로 내려가지 않아도 된다

잰걸음하며 지그재그로 내려가면
계단에 보폭을 맞출 수 있다

산속에서 흔히 볼 수 있는 나무 계단이나 돌계단은 도심의 계단과는 달리 높이와 폭이 일정하지 않다는 점을 명심하자. 기본자세는 어깨에 힘을 빼고, 특히 허리 아래는 유연함을 유지한다. 상체에 힘이 들어가면 다리가 부드럽게 움직이지 않는다.

시선은 발끝의 계단에 두고 가끔 앞쪽을 확인한다. 그리고 너무 일직선으로 내려가려고 하지 말아야 한다. 또 불규칙한 계단 상태에 보폭을 맞추다 보면 다리와 상체의 움직임이 균형을 잃고 발끝이 계단에 걸릴 수 있으니 주의하자.

보폭과 계단 높이가 맞지 않으면 두 계단씩 내려가야 하는 경우도 생긴다. 하지만 너무 많은 계단을 점프하듯 내려가면 착지할 때 다리에 부담이 생겨 넘어지거나 지나치게 속도가 빨라지므로 주의하자.

몸의 축이 크게 흔들리지 않도록 의식하면서 잰걸음을 놓으며 지그재그로 내려가면 리듬감 있게 계단 상태에 따라 보폭을 맞출 수 있다. 이 덕분에 다리와 상체의 움직임이 안정화되고, 속도 조절도 가능하다. 가능한 한 평평한 곳을 골라 내려가는 것도 중요하다.

나무 계단이 젖거나 썩었다면 미끄러지기 쉽기 때문에 최대한 나무를 밟지 않으면서 좁은 보폭으로 내려가야 한다. 위험하다고 판단되면 달리지 말고 천천히 한 발씩 걷도록 하자.

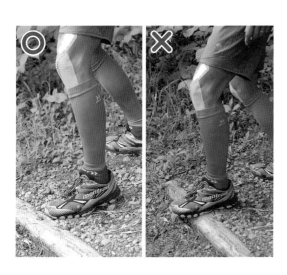

CHECK! 평평한 곳을 찾아 내려가는 것이 기본

계단 상태에 따라서는 발끝으로 디디거나 흙 부분이 아닌 나무에 착지해야 하는 경우도 생긴다. 하지만 나무 계단이 움직일 수도 있기 때문에 평평한 지면을 골라 밟는 것이 기본이다. 나무로 된 부분을 밟으면 발목이 흔들려 불안정해지기 때문에 부상 위험이 있다.

09 돌길 내려가기

잰걸음으로 좌우로 스텝을 밟는다

몸의 축이 항상 몸의 중앙에 오도록 의식하면서 상체를 안정시킨다

돌길은 크고 작은 돌이 섞여 있으며 불안정한 경우가 많다. 따라서 돌길이 내리막이면 일단 속도를 줄이고 넘어지지 않도록 주의한다. 흔들릴 것 같은 돌은 피하고, 작은 돌로 이루어진 부분이나 큰 바위라도 평평한 곳을 골라 밟는다.

돌길에서도 달리기의 기본은 똑같다. 잰걸음으로 좌우로 스텝을 밟으면서 내려간다. 다만 발을 디디는 곳의 상태를 확인해야 하기 때문에 평소보다 좌우로 이동하는 폭이 넓어진다. 그래서 몸의 축이 항상

몸의 중앙에 오도록 의식하면서 상체를 안정시켜야 한다.

시선은 발끝을 주시하면서도 항상 진행 방향의 트레일 상태를 확인한다. 위험하다고 생각되면 달리지 말고 걸어 내려간다. 급경사라면 낙석이 발생할 위험도 있기 때문에 자기보다 아래에 사람이 있는지도 잘 살펴야 한다.

상반신이 경사면 아래를 향하지 않도록 지그재그로 내려가면 공포심을 줄일 수 있다. 스키를 타본 사람은 잘 알겠지만 급경사에 섰을 때 몸이 옆 방향이 아니라 경사면 아래를 향하면 대부분이 공포심을 느낀다. 트레일도 마찬가지다.

그래서 익숙해지기 전에는 몸의 정면이 경사면 아래를 향하는 시간을 최대한 줄일 수 있도록 잰걸음을 놓으며 지그재그로 내려가는 것을 추천한다. 큰 돌이 많은 돌길에서 게걸음으로 내려가면 다리에 통증이 생길 수 있기 때문에 지그재그로 내려가는 것이 좋다.

10 잔돌이 많은 돌길 내려가기

돌길을 미끄러지듯이 내려간다

스키를 탄다는 느낌으로 경사면을
미끄러지듯이 내려가자

▲▲▲ 돌길을 내려갈 때 허벅지가 피로한 원인은 속도를 줄이기 위해 다리로 브레이크를 걸기 때문이다. 이때 허벅지가 지면의 충격을 그대로 흡수한다. 허벅지에 피로가 쌓이는 일을 피하기 위해 점프하면서 내려가기도 하는데, 점프는 허벅지에 부담만 더 줄 뿐이다. 점프를 하면 착지할 때 튀어나온 돌 따위에 부딪쳐 부상을 입을 가능성도 크다.

이런 이유로 내리막에서는 엉거주춤한 자세를 취하지 말고, 상반신을 세우고 허리 아래는 유연성을 유지하면서 스키를 타는 듯한 느낌으로 미끄러지듯 내려가는 것이 좋다. 다시 말해 다리에 무게중심을 싣고, 슬라이드하듯이 미끄러지며 내려간다.(슬라이드

주법) 스텝은 크게 하지 않고 가능한 한 다리가 지면에서 떨어지지 않도록 주의한다.

이런 주법이라면 피로를 최소화하면서 효율적으로 내리막을 내려갈 수 있다. 다만 경사가 완만하거나 지면이 딱딱하다면 사용할 수 없다. 어디까지나 지면이 부드러워야 한다. 예를 들어 잔돌이 많은 돌길이나 모래가 많은 경사면에서는 유효하다.

슬라이드 주법은 속도를 조절하며 큰 힘을 들이지 않고 내려갈 수 있지만, 한편으로는 지면의 돌이나 나무뿌리에 발이 걸려 넘어질 위험이 있다. 발끝을 잘 살피면서 발바닥으로 전해지는 지면의 상태를 순간적으로 파악해서 위험 부담을 줄여야 한다.

CHECK! 체중이 실리는 곳은 엄지발가락 아래 두툼한 부분

트레일 상태를 확인하면서 엉거주춤하지 않도록 발로 적극적으로 미끄러지자. 미끄러질 때 체중이 실리는 곳은 발뒤꿈치가 아니라 엄지발가락 아래 두툼한 부분임을 기억하자. 급경사라면 이런 주법이 자연스럽게 나오지만 가능한 한 다리를 번갈아 가며 미끄러지듯이 내려가는 것이 좋다. 사진을 보면 미끄러진 후에 자국이 지면에 선명하게 남아 있음을 알 수 있다.

돌 위에 발을 디딜 때 체중 싣는 방법

돌이 흔들리면 재빨리 발을 뗀다

체중 이동이 자유로우면 지면이 불안정할 때 효과적이다

돌길은 크고 작은 돌이나 바위 등이 섞여 있는 경우가 대부분이다. 달릴 때는 특히 큰 돌이나 바위를 주의해야 한다. 튼튼해 보여 발을 디뎠는데 의외로 흔들리는 경우가 많기 때문이다. 오르막에서는 돌 상태를 어느 정도 확인할 수 있지만 내리막에서는 쉽지 않다. 만약 판단 착오로 이런 불안정한 돌에 발을 디뎠다면 순간적으로 체중을 옮겨야 한다.

사진처럼 오른쪽 발로 돌이나 바위를 디뎠는데 그 돌이 흔들린다고 하자. 이때 그대로 오른발에 체중을 실으면 돌은 더욱더 불안정해진다. 잘못하면 발에 부상을 입거나 넘어질 수 있다.

사진 속 상황에서 돌이 흔들리면 신속히 발을 떼면서 왼쪽 발로 체중을 옮긴다. 이처럼 재빠른 스텝으로 체중을 이동할 수 있으면 지면이 돌이나 바위 때문에 불안정해도 신속히 다리를 뗄 수 있다. 단, 이와 같은 기술은 착지하는 발의 지면이 불안정할 경우

에만 사용하고 안정적이라면 체중을 확실히 실어야
한다. 신속한 판단과 빠른 동작, 정확한 예측이 필요
하다.

　이처럼 돌길을 내려갈 때는 임기응변이 빨라야 하
고 경험이 중요하다. 초보자는 돌길뿐만 아니라 다양
한 트레일을 경험해서 기술과 경험을 키워야 한다.

CHECK! 무리하지 말고 충분히 주의하자

경험이 쌓이면 위험을 간파하는 능력이 향상된다.
돌길 내리막이 익숙하지 않다면 큰 돌이나 바위는
밟지 말고, 보폭을 좁혀서 천천히 안정적으로 내려
가야 한다. 사진처럼 돌이 겹쳐 있으면 더 조심하자.

12 제트코스터 주법

내리막의 탄력을 이용해 오른다

내리막에서 가속하는 기술과 안정적인 하반신,
균형 잡힌 상반신이 필요하다

제트코스터 주법이란 마치 제트코스터처럼 내리막을 내려갈 때의 힘을 이용해 오르막을 효과적으로 오르는 주법을 말한다. 간단히 말하면 내리막에서 얻은 탄력을 오르막까지 연결하는 주법이다. 이를 이용하면 오르막을 빠르고 즐겁게 달릴 수 있고, 체력도 안배할 수 있다.

내리막에서 오르막으로 이어지는 트레일은 산등성이 코스라면 무수히 많다. 가속할 수 있는 내리막을 만나면 도전해보자. 단, 제트코스터 주법은 내리막에서 가속하는 기술과 안정적인 하반신, 균형 잡힌 상반신이 필요하다. 일반적인 주법보다 속도가 빠르기 때문에 자세가 흐트러질 수 있다. 따라서 균형을 잃었을 때 빨리 회복할 수 있는 능력도 요구된다.

내리막에서 빠른 속도로 달리다가 넘어지면 큰 부상으로 이어지기 때문에 각별히 주의해야 한다. 내리막에서 붙은 가속도를 이용해서 오르막을 그대로 오른다. 속도가 서서히 떨어지면 일반적인 오르막 주법으로 오르면 된다. 이 기술은 경기에서 상당히 효과적이기 때문에 이런 코스를 만난다면 연습 삼아 해보면 좋겠다. 성공하면 매우 기분이 좋아지는 주법이다.

CHECK! 가장 낮은 지점에서는 주의한다

제트코스터 주법으로 내리막을 내려갈 때는 내리막에서 오르막으로 이어지는 변화에 잘 대응해야 한다. 내리막에서는 넓은 보폭으로 내려가다가 오르막에서는 좁은 보폭으로 바꾸는 것이 좋다. 특히 오르막과 내리막이 연결된 지점은 지형 변화가 심하기 때문에 발을 접질릴 수 있으니 주의한다. 비가 왔다면 가장 낮은 지점에 빗물이 고여 있거나 질척거릴 수 있다. 가장 낮은 곳이 속도가 가장 빠른 지점이니 충분히 조심한다.

나무뿌리가 드러나 보이는 내리막

하반신을 유연하게 좌우로 흔든다

허리를 흔들면서 양발을 나무뿌리의 형태에 맞춰 움직인다

트레일 러닝은 대자연을 상쾌하게 달리는 스포츠다. 따라서 트레일은 상태가 매 순간 다르다. 일반적인 길이라면 있을 수 없는 일이지만 자연이 무대이기 때문에 나무뿌리가 여기저기 자라난 곳을 달려야 할 때도 있다.

트레일 여기저기에 뻗어 있는 나무뿌리는 두께도 다양하고 서로 복잡하게 엉켜서 계단 모양인 경우도 있으며, 나무뿌리가 바위를 감싸기도 한다. 제각기 상태가 다른 것이다.

이런 트레일을 안전하게 내려가기 위해서는 안정적인 상체와 양발의 움직임이 중요하다. 하반신을 유연하게 좌우로 흔들면서 대응하면 비교적 안전하고 빠르게 내려갈 수 있다.

예를 들어 트레일을 가로지른 2개의 나무뿌리 사이에 발을 디뎌야 하는데, 그 폭이 좁다면 발끝을 순간적으로 180도 돌려야 한다. 이때 온몸으로 방향을 전환하면 체력 손실이 크기 때문에 허리를 비틀며 발의 방향(진행 방향)을 바꾼다. 이렇게 하면 다리 움직임에

상관없이 상반신이 항상 진행 방향을 향할 수 있다. 허리를 틀면서 양발만 나무뿌리가 자라난 상태에 맞춰 움직이면 상반신 움직임을 최소화할 수 있다. 상반신 움직임이 적어지면 상체는 안정되기 때문에 나무뿌리가 어지럽게 자란 트레일도 어려움 없이 달릴 수 있다. 이 기술(트위스트 주법)은 돌길에서도 유효하다.

CHECK! 몸의 축이 흔들리지 않도록 주의하자

몸의 축이 좌우로 흔들리지 않도록 최대한 의식을 집중하자. 상반신이 안정되면 나무뿌리 상태에 맞춰 허리를 사용해 리듬감 있게 나무뿌리를 피하면서 발동작을 섬세하게 할 수 있다. 나무뿌리 상태를 순간적으로 판단하기는 쉽지 않지만 경험이 쌓이면 자연스럽게 달릴 수 있다. 일상생활에서는 별로 사용할 일이 없는 동작이라 한편으로 즐거운 마음도 든다.

14 쓰러진 나무를 지나는 방법

절대 뛰어넘지 않는다

점프하지 않고 가로지를 수 있는 곳을 찾자

트레일에 쓰러진 나무가 있다면 가까이 다가가기 전에 미리 전체 상황을 파악해야 한다. 몇 차례 달려본 트레일이 아니라면 반드시 속도를 줄이고 신중히 통과한다. 쓰러진 나무 건너편의 상황이 어떤지 알 수 없기 때문이다.

등산객의 대부분은 산길에 쓰러진 나무가 있으면 한가운데로 넘어간다. 그래서 쓰러진 나무 건너편은 길 가운데가 움푹 패여 있을 가능성이 높다. 만약 트레일에서 쓰러진 나무를 발견하면 가운데로 넘지 말고 돌아서 가는 편이 좋다.

사람들의 발자국이 거의 없어 상태도 좋고, 움푹 패여 있지 않아 안심하고 통과할 수 있다. 가장 주의해야 할 점은 나무 한가운데를 뛰어넘는 일이다. 나무를 뛰어넘은 직후에는 착지점이 보이지 않기 때문에 매우 위험한 행동이다.

CHECK! 쓰러진 나무는 썩었을 가능성이 높기 때문에 절대 밟고 넘지 않는다

쓰러진 나무를 발견했을 때뿐만 아니라 앞쪽 상태를 확인하기 힘들 때는 일단 속도를 줄여야 한다. 내리막에서는 가속이 붙기 때문에 미리 속도를 줄여야 함을 명심하자.

쓰러진 나무는 밟아서 넘어가지 않는다. 만약 나무가 썩었다면 부러질 수 있기 때문이다. 운이 나쁘면 부상을 입을 수 있고 불필요한 힘이 들어가기 때문에 체력 소모도 커진다.

15 둔덕의 경사를 이용한 코너링

자신의 근력에 맞는 진입 속도를 알아야 한다

둔덕 경사도에 맞춰 몸의 축을 '수직'으로 만들자

내리막에 있는 급커브를 통과할 때는 코너 바깥쪽에 있는 둔덕을 이용한다. 둔덕이 없다면 코너에 진입하기 전에 코스 상황을 예측해서 속도를 줄인다. 둔덕이 있다면 적극적으로 둔덕을 이용해 속도가 줄지 않도록 한다.

둔덕을 이용할 때는 트레일 전체 상태를 살피면서 코너 및 둔덕 크기와 진행 코스, 자신의 속도 등을 고려해 속도를 조절하면서 코너에 진입한다. 둔덕을 원하는 진행 방향으로 통과했다면 재빨리 평평한 코스로 돌아간다.

둔덕의 경사도에 맞춰 몸의 축을 수직으로 만들면 원심력을 최대한 활용할 수 있다. 실내 사이클 경기장의 경사진 곳을 자전거로 달릴 때와 같다. 매우 빠른 속도로 진입했는데 속도를 견딜 수 있는 근력이 없다면, 몸의 축을 기울여 수직을 만들어도 원심력 때문에 균형을 잃고 둔덕 밖으로 밀려날 수 있다. 이 기술은 어느 정도 숙련되어야 하며 근력도 필요하기 때문에 처음에는 둔덕 앞에서 속도를 줄여 뛰는 것이 좋다. 익숙해지면 커브 크기와 둔덕 상태에 맞춰 속도를 조절할 수 있다. 먼저 둔덕을 활용할 수 있는지 자신의 근력과 속도를 점검해야 한다.

구불거리는 좁은 트레일 내려가기

길가에 봉긋하게 솟은 곳은 피한다

트레일을 따라 몸의 기울기를 의식하며
큰 보폭으로 단번에 내려가자

트레일 모양은 자연환경에 따라 다르다. 사진에서 보듯 간혹 땅을 판 것처럼 홈이 난 좁은 트레일을 만나기도 하는데, 한 사람이 겨우 지날 수 있는 폭도 있다. 이런 트레일에서는 먼저 올라오는 사람이 없는지 확인해야 한다. 특히 트레일이 좁다면 올라오는 사람이 지나갈 때까지 기다리는 것이 좋다.

트레일 양쪽에 봉긋하게 솟은 곳은 피한다. '길이 아닌 곳은 달리지 않는다.' 이것이 트레일 러닝의 규칙이기 때문이다.

올라오는 사람이 없고 트레일이 똑바로 뻗어 있다면, 몸의 축을 앞으로 기울여 단번에 내려가자. 다만 이런 길은 빗물이 흐르는 수로 역할을 하기 때문에 비가 그친 후라면 미끄러지지 않도록 주의한다.

CHECK! 내리막에서 점프를 크게 하면 하반신과 상반신의 움직임이 균형을 잃는다

이렇게 좁은 트레일을 달릴 때 양발로 트레일의 좌우, 즉 봉긋하게 솟은 두 곳을 번갈아 밟으면서 내려가는 사람이 있다. 속도를 내려고 이런 동작을 하는지, 줄이려고 그러는지 알 수 없으나 내리막에서 점프를 크게 하면 하반신과 상반신이 균형을 잃는다. 이뿐만 아니라 착지하는 발에 부담이 커져 위험하다. 좌우로 크게 스텝을 밟기 때문에 속도 저하의 원인이 되기도 한다. 이런 트레일을 달릴 때는 기본을 충실히 지키는 것이 중요하다.

17 일직선으로 달리기

트레일 상태가 좋다면 불필요한 움직임을 줄인다

코스가 달리기에 알맞다면 중심 이동을 하지 말고 일직선으로 내려가자

자전거나 자동차를 타보면 좌우로 움직이는 것보다 똑바로 달리는 것이 가장 안정적이다. 달리기도 다를 것이 없다. 일직선으로 똑바로 달리면 불필요한 움직임이 없어진다. 달리는 데만 집중할 수 있기 때문에 빠른 속도로 달릴 수 있다는 말이다.

트레일 러닝은 자연 속을 달리는 운동이다. 당연히 달리는 길이 계속 평평하리라는 보장은 없고 시시각각 변화무쌍하다. 다만 변화가 적은 트레일에서는 몸의 중심 이동을 최소화하고 일직선으로 달리는 것이 기본이다. 몸의 중심 이동을 최소화하면 주행 거리도 줄어들고 시간도 단축할 수 있다.

18 긴 내리막에서 속도 조절하기

지그재그로 움직이며 속도가 지나치게 빨라지는 것을 막자

어깨에 힘을 빼고 팔 동작을 간략히 하면 상반신 움직임을 최소화할 수 있다

경사가 적당하고 시야도 트여 있는 긴 내리막에서는 가속이 붙어 자신도 모르게 속도가 빨라진다. 이때 속도를 조절하려면 트레일 상태에 맞춰 지그재그로 달리면 좋다. 다만 지그재그로 달리다 보면 보폭이 불규칙적이라 상체가 불안정해질 수 있으니 주의하자. 어깨에 힘을 빼고 팔을 앞뒤로 가볍게 흔들면 상체 움직임을 최소한으로 억제할 수 있다.

비교적 내려가기 쉬운 트레일에서 발을 촘촘하게 뻗거나 발끝으로 착지해 브레이크를 거는 사람이 있다. 이렇게 달리면 허벅지가 피로해질 뿐만 아니라 발이 신발 앞으로 쏠려 발끝에 통증을 유발한다. 그래서 발끝이 아니라 발뒤꿈치로 착지하는 느낌으로 달리면 속도 내기도 쉽고 힘도 적게 든다. 다만 속도가 지나치게 빨라지지 않도록 주의하자.

앞쪽 확인

착지점 확인

CHECK! 시선은 착지점 → 앞쪽 → 착지점

항상 지면이 좋을 수 없으니 발 디딜 곳을 확인해야 한다. 자신이 뛸 트레일 앞쪽을 살피면서 신속히 착지점을 파악한다.

19 급경사에서는 보폭을 좁게

급경사에서는 속도 조절이 필요하다

보폭을 줄이고 발뒤꿈치를 지면에 찔는 듯한 감각으로 발바닥 전체로 착지하자

경사가 급할수록 폭주하지 않도록 속도를 조절해야 한다. 트레일 폭이 넓다면 크게 지그재그를 그리며 내려올 수 있다. 다만 그렇지 못한 좁은 급경사라면 보폭을 줄이고, 발뒤꿈치를 지면에 찔는 듯한 감각으로 발바닥 전체를 이용해 스텝을 밟으면서 지그재그를 작게 그리며 내려가자.

급경사에서는 신발 밑창이 지면에 확실히 밀착되지 않기 때문에 자세가 구부정해지기 마련이니 주의하자. 발에서부터 상체까지 일직선을 유지한다는 생각을 하면서 무게중심이 뒤로 가지 않도록 주의하면 공포심을 줄일 수 있다. 달리기가 무서울 정도의 경사라면 걷는 것도 좋은 방법이다.

20 지면 상태가 나쁠 때
사람이 많이 다니는 길은 지면 상태가 좋다

속도를 내려고 일직선으로만 달리지 않는다

 내리막 코스는 사람이 다닌 흔적을 따라 달리는 것이 기본이다. 속도를 내려고 일직선으로만 달리다 보면 지면 상태가 나쁜 곳을 지나야 할 때가 많다. 사람이 다닌 흔적이 많은 트레일은 지면 상태가 좋다. 반면 사람이 잘 다니지 않는 곳은 큰 돌이 돌출되어 있는 등 달리기에 적합하지 않을 수 있다. 뛰어넘어야 할 장애물이 많다면 체력을 필요 이상으로 소모하게 되고 동시에 부상 위험도 커지기 때문에 무리해서는 안 된다.

21 코스 한가운데에 있는 도랑

비로 젖어 있을 가능성이 높아 위험하다

사람이 다닌 흔적이 많고 높은 곳을 선택해 위험을 방지하자

트레일에 도랑이 있다면 가능한 한 피해서 높은 곳으로 달린다. 도랑에는 작은 돌이나 나뭇잎, 낙엽 등 장애물이 있을 가능성이 높기 때문이다. 비가 내렸다면 도랑으로 빗물이 흐르기 때문에 비가 그쳤더라도 젖어 있을 가능성이 높다.

내리막에서는 속도가 빠르기 때문에 지면이 젖었다면 미끄러져 넘어질 확률이 높다. 미연에 방지할 수 있는 위험은 애초에 배제하는 것이 좋다. 트레일 러닝은 다양한 상황을 만나는 스포츠이기 때문에 위험 요소가 있는 곳은 피하겠다는 마음가짐이 중요하다.

22 폴을 이용한 돌길 내려가기

돌길에서 불안정한 상체를 폴을 이용해 바로잡는다

폴은 몸을 의지하는 수단이 아니라 몸을 보조하는 수단

급경사나 장거리 트레일에서 폴은 큰 도움이 된다. 내리막에서 발에 가해지는 충격은 평지의 3~4배라고 한다. 폴을 사용하면 무릎에 가해지는 충격을 분산할 수 있다. 경기에서 폴을 사용하면 시간 단축이 용이하지 않아 꺼리지만, 이제 막 트레일 러닝을 시작한 초보자나 취미로 즐기는 수준이라면 한 번쯤 사용해보는 것이 좋다.

돌길을 내려갈 때 폴을 몸의 앞쪽에 짚자. 이는 폴을 사용하는 기본 방법이다. 폴은 어디까지나 몸을 보조하는 수단이기 때문에 폴에 상체를 기대어 의지하는 자세는 위험하다. 불안정한 상체를 바로잡는 수준에서 사용하는 것이 좋다. 따라서 몸의 무게중심이 전후좌우로 크게 흔들릴 정도로 폴에 지나치게 의지하는 것은 좋지 않다. 어디까지나 몸의 균형을 잃지 않도록 미끄럼을 막거나 지나친 가속을 방지하는 데 쓸 보조 수단으로 사용한다.

CHECK!

바위틈에 폴 끝이 끼지 않도록 주의하자

지면에 폴을 짚을 때는 안정적인 곳을 찾아 체중을 일부만 싣는다. 폴을 짚은 후에는 바로 발을 딛도록 하자. 돌길에서는 양손으로 폴을 짚고, 상체를 안정시킨 후 발을 움직여도 된다. 항상 손과 발이 교차로 움직이지 않아도 상관없다. 또 폴을 사용할 때는 바위나 돌 틈에 폴 끝이 끼지 않도록 주의하자.

'다리가 피로한 원인은 발바닥'
신발뿐만 아니라 깔창도 중요하다

운동을 하지 않더라도 일 때문에 하루 종일 서 있거나 여기저기 돌아다니면 발에 피로가 쌓여 저녁이 되면 발이 무겁거나 무릎에 통증을 느끼는 사람이 많다. 즉 서고, 걷고, 뛰는 행동은 다리에 강한 충격을 준다는 의미다.

다리는 차로 치면 서스펜션이고 집으로 치면 토대다. 이곳이 튼튼하지 않으면 다른 부분에도 큰 영향을 미친다. 발바닥도 마찬가지다. 사람 발바닥은 아치 모양인 부분이 있어 충격을 흡수하거나 힘을 전달하는 역할을 한다. 몸 전체의 피로나 균형 감각에도 큰 영향을 준다.

발 아치 부분에 피로가 누적되면 움직임이 둔화되어 발이 받는 충격을 효과적으로 분산할 수 없다. 이런 상태는 종아리나 무릎에도 영향을 줘서 피로가 쌓이고 활동에 제약이 생긴다. 다시 말해 다리 전체가 피로한 원인은 발바닥에 있는 것이다.

이때 신발 깔창(insole)이 큰 역할을 한다. 특히 맞춤형 깔창은 발바닥의 아치 구조를 유지해 최적의 컨디션을 만드는 데 도움을 주기 때문에 본래 능력을 장시간 유지할 수 있다. 커스텀 인솔은 본인의 발바닥에 딱 맞게 밀착되기 때문에 지면의 작은 변화도 발바닥을 통해 알아챌 수 있다. 이는 트레일을 달릴 때 참고할 수 있는 정보가 많이 주어진다는 말이다.

다시 말해 트레일이 일반 등산로에서 돌길로 바뀌면 순간적으로 이를 간파해 대응할 수 있다. 물론 빈틈없이 발바닥에 밀착된다는 것은 힘의 손실을 최소화할 수 있다는 의미이기도 하다. 이 외에도 커스텀 인솔을 사용하면 발이 교정되기 때문에 무지외반증을 방지하거나 완화하는 효과도 있다. 지금까지 발이 불편했다면 커스텀 인솔의 도움을 받는 방법을 추천한다.

CHAPTER 04

다양한 트레일을 공략하는 방법과 주의점

특수한 상황에 대응할 수 있는 능력을 기르자

01 연속된 코스 공략

상체를 코너 안쪽으로 기울인다

코너링은 트레일 상태를 신속히 확인하면서 속도와 몸의 균형을 고려한다

내리막에 코너가 많다는 것은 좌우로 연속해서 코너링을 해야 한다는 의미다. 다시 말해 직선 트레일이 거의 없고, 코너와 코너가 이어지는 형태의 코스를 말한다.

이런 코스에서는 코너링에 많은 시간을 할애해야 하기 때문에 코너에 진입하면 보폭을 줄여 속도를 조절하면서도 속도가 극단적으로 떨어지지 않도록 주의하며 달려야 한다.

연속된 S자 코너에서 코너링을 할 때는 얼마나 속도를 유지하면서 부드럽게 통과할 수 있느냐가 관건이다. 그래서 코너에 진입하기 전에는 어느 정도 속도를 늦춰야 좋을지 예측할 수 있는 능력이 필요하다.

분들은 아마도 속도 조절을 잘 못하기 때문일 것이다. 내리막은 브레이크를 걸지 않고 달리면 점점 가속이 붙는다. 좁은 보폭으로 발의 부담을 최소화하여 속도를 조절하는 기술을 연습해보자. 또 빠른 속도로 코너링을 할 때는 상체를 코너 안쪽으로 기울이고, 지면에 발을 정확히 디디면서 달리면 상체가 안정된다.

코너에 둔덕이 있다면 최대한 이용하자. 코너에 진입하기 전부터 트레일 상태를 신속히 파악하고 코너링이 가능한 속도와 몸의 균형을 고려하면서 속도를 조절한다. 첫 번째 코너를 통과하면서 바로 다음 코너의 상태를 살펴야 한다. 첫 번째 코너를 부드럽게 통과했다면 그 흐름으로 다음 코너도 잘 통과할 수 있다. 연속된 코너를 빠른 속도로 통과하기 위해서는 반복 연습이 필요하다.

직선 트레일에서는 속도를 높이고, 코너에 접어들기 전에는 좁은 보폭으로 속도를 조절하는 주법을 반복하면 속도 유지에 도움이 된다. 단, 트레일에 나무 뿌리가 여기저기 불거져 있을 수 있고 높낮이가 급격하게 변하거나 돌길이 나타나는 등 변화무쌍하므로 충분히 주의해야 한다. 이때 신속하게 상황을 판단하는 능력이 필요하다.

트레일 러닝을 즐기는 사람 중에는 내리막 코너링 실력이 늘지 않는다고 호소하는 사람이 많다. 이런

완경사에서 급경사로 변하는 구간 공략

반드시 진입 직전에 속도를 줄인다

POINT!

완만한 내리막에서 계단으로 이어지는 트레일. 이때는 계단으로 진입하기 전에 브레이크를 한 번 걸어 속도를 늦춰야 한다. 브레이크 횟수는 상황에 따라 다르지만 미리 트레일 상태를 파악하는 것이 중요하다. 특히 처음 달리는 트레일이라면 앞에 뭐가 있을지 모르기 때문에 사전에 파악하는 일을 게을리해서는 안 된다.

트레일 경사도에 맞춰
몸의 축을 조금 뒤로 젖히면서 브레이크를 걸자

완만한 내리막에서는 누구나 다리를 쭉 뻗으며 기분 좋게 속도를 내고 싶다. 하지만 완만한 길만 계속 이어지는 트레일은 없다. 완만하던 길이 커브를 그리면서 급경사로 바뀌고, 급격한 단차가 생기기도 한다. 이 때문에 트레일을 달릴 때는 이런 변화에 대응할 수 있는 능력을 길러야 한다.

완경사에서 급경사로 변하는 코스에 대응하기 위해서는 항상 앞쪽 상황을 파악힌다. 달리면서 앞쪽의 변화를 파악할 때는 발의 착지점도 번갈아 확인한다. 내리막 트레일에서 가장 중요한 것은 이처럼 트레일 상태에 상관없이 항상 앞에 일어날 상황을 눈으로 확인하는 일이다. 속도가 빠르기 때문에 눈앞의 상황에 따라 신속히 판단하며 달려야 한다. 자전거나 자동차를 운전할 때처럼 상황을 예상해 사전에 준비하는 능력이 필요하다. 안전하고 즐거운 트레일 러닝을 위해서는 이처럼 한눈을 팔지 않아야 한다.

한 가지 더 반드시 지켜야 할 사항이 있다. 속도를 지나치게 내지 말아야 한다는 것이다. 너무 빠른 속도로 달리면 자신은 물론이고 앞사람도 위험하다. 속도를 줄이는 방법은 경사도를 고려해 몸의 축을 조금 뒤로 젖히면서 보폭을 줄이는 것이다. 지그재그로 움직여 속도를 줄이는 방법도 있다.

CHECK! 항상 진행 방향과 상황을 살피자

트레일은 산이나 숲속에 있는 길이기 때문에 언제든 돌발 상황이 일어날 수 있다. 그래서 신속하고 확실한 상황 판단력이 요구된다. 자연을 즐기며 달리면서도 위험 상황을 피해야 한다. 막연히 트레일을 달릴 것이 아니라 진행 방향과 상황을 항상 의식하는 것이 중요하다. 속도가 빠를수록 착지점에서 앞쪽으로, 앞쪽에서 착지점으로 시선을 재빨리 바꿔가며 상황을 판단해야 한다. 트레일에 익숙해지면 위험 요소가 눈에 보이지 않더라도 육감적으로 위험을 피하는 능력을 발휘할 수 있다. 자연을 즐기면서 달릴 수 있다는 점이 트레일 러닝의 매력이지만 조심하지 않으면 부상을 입을 수 있는 스포츠임을 명심하자.

03 강 건너기

강바닥 상태는 신발 바닥으로 느끼면서 달린다

강을 건널 때는 허벅지를 확실히 올려서
물의 저항을 줄이자

더운 날 트레일 코스에 강이 있다면 기분 좋게 달릴 수 있다. 강을 건널 때 특별한 기술이 있는 것은 아니다. 다만 보기에는 얕아 보여도 강 깊이는 쉽게 가늠할 수 없기 때문에 주의해야 한다. 특히 전날 비가 와서 강물이 불었다면 매우 위험하기 때문에 절대 강을 건너서는 안 된다. 비가 내린 후라면 강물이 탁하고 유속도 빠르다.

강을 건널 때는 속도에 치중하기보다는 신발 바닥에서 전해오는 강바닥 상태를 파악하면서 신중히 달리는 것이 좋다. 상황에 따라서는 걷는 것이 유리할 때도 있다. 물의 저항 때문에 쉽게 피로해지고 뛰는데 불편하기 때문이다. 특히 하류에서 상류로 올라갈 때 유속이 빠르면 페이스를 쉽게 잃기 때문에 주의해야 한다.

물놀이를 해본 경험이 있다면 누구나 알 수 있듯이 물속을 걸으면 물의 저항 때문에 좀처럼 앞으로 나아가기가 쉽지 않다. 뛸 때도 마찬가지인데 양발을 교차하며 수면 위로 확실히 올리면 물의 저항을 줄일 수 있다. 물의 저항을 받으면 근육이 쉽게 피로해져 점점 페이스가 떨어진다는 점을 유의하자. 참고로 신

발 속으로 모래가 들어갈 수 있기 때문에 트레일 러닝을 마치고 집으로 돌아가면 신발을 반드시 잘 말려서 모래를 제거한다.

CHECK!

몸을 앞으로 기울이고 팔을 크게 흔들자

강을 건널 때도 평지에서와 마찬가지로 몸을 앞으로 기울이고 양팔을 힘차게 흔들면 다리가 자연스럽게 위로 올라온다. 시선을 아래에 두면 자세가 흐트러지기 때문에 앞쪽을 응시하면서 물의 촉감을 즐기자.

통나무 다리 건너기

발 전체로 한 발씩 비껴 밟는다는 느낌으로 건넌다

한쪽 발의 발끝은 진행 방향에 두고
다른 발의 발끝은 통나무와 직각 방향을 이루게 한다

몇 개의 통나무로 이루어진 다리를 건널 때는 세심한 주의가 필요하다. 나무가 둥글기 때문에 나무 사이에 틈이 크고, 신발 바닥이 닿는 면적이 적기 때문에 발이 불안하다. 평평한 나무와는 비교가 안 될 만큼 불안정하다. 이런 나무다리는 트레일 러닝용으로 만든 것이 아닌 만큼 애초에 달리기를 포기하자.

통나무 다리를 건널 때는 최대한 속도를 줄여서 안전을 우선시해야 한다. 처음부터 걸어서 건너겠다고 마음먹는 것이 좋다. 그래도 무섭다면 한쪽 발의 발끝은 진행 방향에 두고, 다른 발의 발끝은 통나무와 직각 방향을 이루도록 한 뒤에 양발을 교차하지 말고 살금살금 건넌다. 무릎을 높이 들지 말고 한 발씩 비겨 밟는다는 느낌으로 건너자.

양팔로 균형을 잡아야 하는 것도 잊어서는 안 된다. 양발이 통나무를 디디는 시간이 길면 길수록 상체는 불안정해지기 때문이다. 또한 사진처럼 이끼가 낀 통나무를 건널 때나 비가 내리거나 그친 후라면 통나무가 매우 미끄러우니 부상을 막기 위해서라도 주의를 기울이며 건너야 한다.

CHECK! 자신에게 가장 적합하고 안전한 방법을 찾자

상황에 따라서는 발을 통나무 사이의 틈에 끼워 걷거나 통나무가 움직이지 않도록 박아놓은 못에 발을 지지하며 걷는 것이 안전할지도 모른다. 산길에서 만나는 통나무 다리는 제각기 모양이 다르다. 자신에게 가장 적합하고 안전한 방법을 찾아야 한다.

진흙땅 달리기

비가 내리지 않아도 항상 젖어 있는 땅이 있다

진흙땅에서는 상체 움직임을 억제해
좁은 보폭으로 달리자

산이나 들에는 비가 그친 후가 아니어도 땅이 축축한 곳이 있다. 햇볕이 들지 않아서인데 이런 곳은 진흙땅인 경우도 많다. 그래서 주변 나무 그늘 때문에 빛이 들지 않는 트레일이라면 지면이 젖어 있을 가능성이 높다. 이런 트레일을 달릴 때는 항상 주의해야 한다. 진흙으로 신발이 더럽혀지기 때문에 꺼려질 수 있으나 이 또한 트레일 러닝의 큰 매력이라고 하겠다.

달리는 방법은 간단하다. 보폭을 크게 하거나 무릎을 높이 올리면 한쪽 착지점에 무게가 많이 실리기 때문에 미끄러져 균형을 잃고 넘어질 수 있다. 진흙땅에서는 상체 움직임을 억제해 보폭을 좁게 하고 잰걸음으로 신속히 통과하는 것이 좋다.

진흙땅을 피하기 위해 크게 점프를 하면 착지할 때 발에 부상을 입을 수 있으니 주의한다.

진흙땅을 피해서 트레일이 아닌 곳을 달리는 것은 금물이다. 주변 식물을 훼손하지 않고 달리는 것이 트레일 러닝의 규칙이다.

황토로 된 진흙땅은 질척이니 특히 주의해야 한다. 점토 상태의 진흙땅은 비에 젖으면 잘 마르지 않기 때문에 항상 습기를 머금고 있다. 이런 트레일에서는 당연히 미끄러질 수밖에 없다고 생각하고 대응하는 것이 좋다.

CHECK! 웅덩이는 무리해서 뛰어넘지 말자

비가 내린 후에 생긴 웅덩이는 크기를 불문하고 무리해서 뛰어넘지 말자. 만약 뛰어넘지 못했을 때의 상황을 생각하면 무리하지 않는 것이 좋다. 초보자라면 속도를 줄이고 걸어서 통과하는 것이 안전하다. 트레일 러닝은 불필요한 움직임으로 체력을 소모하지 않는 것이 기본이다. 점프 같은 불필요한 동작은 하지 않는 것이 좋다. 가능한 한 물이 없는 트레일을 골라 통과해서 신발이 젖지 않도록 한다.

CHECK! 무릎을 높이 올리면 착지할 때 발이 깊이 박힌다

진흙땅에서는 발의 상하 동작을 최소화하여 미끄러지듯 좁은 보폭으로 달린다. 이러면 진흙에 발이 많이 박히지 않는다. 진흙땅에 발이 많이 박히면 힘들게 빼내야 하고, 이는 불필요한 체력 소모로 이어진다. 슬라이드 주법을 이용하면 편리하다.

06 자갈이 쌓인 급경사 내려가기

상체가 지면과 수직을 이루거나 앞으로 기울어진 자세가 되도록 한다

지면 상태가 좋지 않은 트레일은
온몸의 힘을 빼고 달리자

사진을 보면 트레일이 자갈로 이루어져 있다. 게다가 상당히 급경사다. 이때는 발이 자갈 속으로 깊이 박혀 균형을 잃을 수 있으니 처음부터 각오해야 한다. 왼쪽의 4번 사진은 실제로 오른발이 자갈에 미끄러지면서 균형을 잃은 모습이다. 속도가 빠르면 빠를수록 지면에 가해지는 힘이 강해지므로 자갈밭에 발이 깊이 빠질 가능성이 크다. 그럼 균형을 잃었을 때 어떻게 하면 될까? 트레일 러닝은 일반적인 달리기처럼 팔을 확실히 흔들기보다는 어깨에 힘을 빼고 전신을 '탈력'해서 달린다. 이렇게 달리면 돌발 상황이 발생해도 팔을 이용해서 균형을 잡을 수 있다.

초보자는 급경사에서 공포를 느끼기 때문에 허리가 구부정해진다. 이럴 때는 상체가 지면에 대해 수직 또는 앞으로 다소 기울어진 자세를 갖도록 의식하는 것이 도움을 준다. 몸의 축을 뒤로 젖히면 달릴 때 발뒤꿈치부터 착지하기 때문에 발바닥 전체로 지면을 디딜 수 없다. 익숙하지 않다면 일단 속도를 줄이고 천천히 내려가기를 추천한다.

CHECK! 지면 상태가 나쁠수록 발바닥 전체로 착지하자

작은 돌멩이가 깔려 있는 트레일은 의외로 달리기에 적합하지 않다. 돌이 작으면 미끄러지기 쉽기 때문이다. 발바닥 전체로 착지해 신발 밑창의 마찰을 이용해 최대한 미끄러지지 않도록 주의하며 달리자. 착지할 때 발이 박히는 상황에서 발바닥 전체로 디디지 않으면 발이 돌에 걸려 넘어질 수 있다. 모래 위를 걷는 것과 비슷한 느낌이기 때문에 달리기에 불안정하고 체력 소모도 크다.

07 낙엽이 쌓인 트레일

낙엽 길은 발바닥에 신경을 집중해 달린다

낙엽 쌓인 트레일을 달릴 때 앞쪽을 상세히 확인하자

계절 변화를 느낄 수 있는 가을은 트레일 러닝을 즐기기에 최적의 계절이다. 낙엽 위는 푹신하기 때문에 달릴 때 충격을 줄여준다. 하지만 돌이나 나뭇가지가 숨어 있거나 지면이 젖어 있는 등 낙엽 때문에 트레일 상태를 파악하기 힘들다. 그렇기 때문에 충분히 주의해야 한다.

만약 낙엽이 다른 곳과 다르게 불쑥 튀어나와 있다면 아래에 돌 같은 게 있을 수 있다. 가능하면 피하는 것이 좋다. 낙엽은 트레일 중심부에 쌓이는 경우가 많다. 상황을 보고 트레일의 한쪽 귀퉁이를 달리는 것도 방법이다. 아무튼 낙엽이 쌓이면 트레일 상태를 파악하기가 힘들기 때문에 발바닥에 신경을 집중해서 돌발 사태에 대응할 수 있도록 하자.

CHECK! 트레일 상태를 '발바닥으로 파악'하는 능력을 키우자

낙엽뿐만 아니라 트레일 상태를 눈으로 예측할 수 없다면 반드시 발바닥 전체로 안정적으로 착지해야 한다. 발뒤꿈치나 발끝으로 착지하면 지면 상태를 파악하기가 어렵기 때문이다.

08 트레일로 침범한 잔가지나 풀 피하기

트레일 양쪽에도 주의를 기울인다

잔가지가 눈을 찌르지 않도록 선글라스를 착용하자

좁은 트레일이나 나무가 많은 곳은 잔가지나 풀이 크게 자라 트레일 양쪽을 침범하는 경우가 많다. 반바지와 반팔 등 피부가 노출되는 차림이면 잔가지나 풀잎 때문에 상처가 생길 수 있다. 동계 시즌이라면 나뭇가지나 풀을 크게 신경 쓰지 않아도 되지만 눈에 보인다면 가능한 한 피해서 달리는 것이 좋다.

특히 피부가 약한 사람이라면 노출을 줄이자. 그러면 안심하고 달릴 수 있다. 트레일의 주 무대는 산속이기 때문에 어떤 식물이 있는지 모를 경우가 있다. 사전에 충분히 대책을 세우는 것이 좋다.

예를 들어 대나무가 자라는 곳이라면 통과하는 도중에 살을 베일 수 있다. 또 튀어나온 잔가지가 눈을 찌를 수도 있다. 선글라스가 반드시 필요한 이유다. 예상 가능한 위험은 사전에 피하도록 하자.

부서진 돌이 널려 있는 돌길을 통과할 때는 낙석도 주의해야 한다. 이런 곳을 통과할 때는 높은 곳에서 무슨 일이 일어나는지도 확인하자. 또한 본인도 낙석을 일으키지 않도록 주의한다. 러너라면 지켜야 할 중요한 매너다.

나무가 깔린 트레일

나무와 나무 사이에는 발을 디디지 않는다

나무의 평평한 부분을 디디자

▲▲▲ 산길을 달리다 보면 각이 진 나무로 길을 보강한 트레일을 만날 때가 있다. 트레킹이나 산행을 즐기는 사람들의 편의를 위해서 만든 것이지만, 나무와 나무 사이에 큰 틈이 있거나 높낮이가 다른 부분이 많기 때문에 통과할 때 주의해야 한다.

일단은 평평한 부분을 선택해서 디디는 것이 기본이다. 또 나무 틈새에 발이 빠지면 균형을 잃고 넘어져 부상을 입을 수 있기 때문에 주의하자. 익숙하지 않다면 속도를 줄이고 안전하게 건너야 한다. 만약 비가 내렸다면 나무가 미끄러우니 조심한다.

빠른 속도로 통과할 때는 미리 나무 상태를 파악해 단번에 통과하자. 망설이면 몸이 굳어져 균형 잡기가 어렵기 때문에 상체에 힘을 빼는 것도 중요하다.

CHAPTER 05

달리기를 위한 기초 지식

안전하게 즐기기 위해 기초 지식과 규칙을 익히자

01 트레일 러닝에 적합한 장소 선택

주변을 둘러보면 의외로 많다

가까운 곳부터 달려보고 대회나 캠프에 참가하자

 경험이 풍부한 사람과 함께라면 몰라도 초보자들끼리 지도를 보면서 산속을 달리는 것은 매우 위험하다. 먼저 천천히 달리는 연습을 한 뒤에 익숙해지면 산속을 달리는 것이 좋다.

일단 처음에는 안전한 근처 공원이나 강변에서 달리는 즐거움을 경험해보고 트레일 러닝에 도전할지 말지를 결정하자. 달리는 일이 즐겁다면 호수나 해안 등 자연을 충분히 즐길 수 있는 곳에 가보거나 근처 산에서 간단히 트레일 러닝을 맛보는 수준이 좋겠다.

이런 경험을 통해 트레일 러닝에 재미를 느낀다면 산속 하이킹 코스에 도전해보자. 하이킹 코스도 다양하기 때문에 난이도에 따라 경험을 쌓아갈 수 있다. 그런 후에 본격적인 트레일 러닝에 도전해보자. 혼자서 시작하기 꺼려진다면 아웃도어 제조사나 지자체가 개최하는 대회 또는 이벤트나 캠프에 참가하는 것도 방법이다.

이벤트나 캠프 같은 경우, 가이드와 코치가 함께 달리기 때문에 초보자는 안심하고 참가할 수 있다. 난이도를 잘 선별하면 안전하고 즐거운 경험이 될 것이다. 친구도 만들 수 있어 일석이조다.

평소 달리기 경험이 많은 사람은 나름대로 체력과 기술을 겸비하고 있기 때문에 바로 산길을 달려도 괜찮지만 만약 트레일 러닝이 처음이라면 경험자와 동행하거나 이벤트 또는 캠프에 참가하는 것이 좋다.

가까운 공원이나 강둑 달리기

편리하고 안전하게 달릴 수 있다

조깅한다는 생각으로 가볍게 달려보자

사는 곳 주변을 살펴보면 본격적으로 트레일 러닝에 도전하기 전에 살짝 체험해볼 수 있는 장소가 있을 것이다. 트레일 러닝은 포장도로가 아니라면 어디서든 즐길 수 있는 스포츠다.

접근하기 편리한 곳으로는 도심 공원이나 삼림 공원 또는 녹지 공원, 강변 산책로 등이 좋다. 특히 큰 공원에는 대부분 포장되지 않은 길이 있다. 산길과 달리 경사가 심한 오르막과 내리막은 없지만 주변에

크고 작은 초목이 있어 충분히 자연을 즐길 수 있다.

삼림 공원이나 녹지 공원은 도심에서 다소 벗어난 곳에 있는 경우가 많아 언덕도 조성되어 있어 트레일 러닝을 즐길 수 있다. 이런 장소는 무엇보다 안전하고 게다가 화장실이나 수도, 자판기 등이 구비되어 있기 때문에 가볍게 조깅한다는 생각으로 달릴 수 있다. 일단은 손쉽게 접근할 수 있는 곳부터 달려보자.

03 호수나 해안가, 강변 달리기

휴양지를 활용해보자

휴가 때 시도해보는 트레일 러닝의 즐거움

호수나 바다 또는 강가에서 휴양을 즐겼다면 이번에는 달려보는 건 어떨까? 굳이 산속이 아니라도 호수나 바다, 강가에서도 자연을 즐길 수 있다. 오르막이나 내리막은 없지만 훌륭한 트레일임에는 틀림없다. 굳이 산이나 숲을 찾아가지 않더라도 트레일 러닝을 즐길 수 있는 곳은 굉장히 많다고 하겠다.

반드시 산속을 달려야 하는 것은 아니다. 휴가 때 리조트에 가서 근처 호수나 해안가를 달리는 것도 트레일 러닝이다. 어디든 자연이 있는 곳에서 달리면 그것이 바로 트레일 러닝이다. 앞으로 트레일 러닝을 본격적으로 즐기고자 한다면 '주말에 놀러 가야지.'가 아니라 '주말에 트레일 러닝하러 가야지.'로 생각을 바꿔보는 건 어떨까?

04 가까운 야산 달리기
야산의 산책로를 찾아보자

등산로를 인터넷이나 현지 주민을 통해 확인하자

가까운 야산에서도 트레일 러닝을 간단히 체험할 수 있다. 자연적으로 트레일이 조성되어 있다면 금상첨화다. 비포장길과 적당한 오르막과 내리막은 필드 입문자에게 안성맞춤이다. 게다가 주변에 민가나 가게도 있고 접근성도 뛰어나기 때문에 어떤 사고가 발생했을 때 대처가 용이해서 안심하고 달릴 수 있다.

다만 모든 야산에 비포장길이 정비되어 있지는 않다. 현지 주민을 통해 사전에 길을 확인하거나 인터넷으로 정보를 입수하는 것이 좋다. 가까운 야산이라고 하지만 아무래도 산속이므로 단독 행동은 피해야 하며 장비도 갖춰야 한다. 초보자들은 안심하고 달릴 수 있는 곳을 선택하는 것이 중요하다.

05 하이킹 코스 달리기

하이커도 많기 때문에 안심하고 달릴 수 있다

표고차가 작은 코스나 천천히 오를 수 있는 코스를 선택하자

초보자라면 표고가 낮은 산 중에 당일치기가 가능한 산이 적합하다. 먼저 하이킹 가이드북을 사서 당일치기가 가능한 곳을 찾아보자. 하이킹 코스로는 부족하다는 사람도 있지만 인적이 드문 곳보다는 입문용 하이킹 코스가 혹시 있을 사고에도 안심할 수 있어 제격이다. 반대로 하이킹 코스가 부담스러운 사람도 있다. 그렇다면 표고차가 작은 코스를 선택하거나 천천히 오를 수 있는 코스를 선택하자.

어떤 산이든 오르막이 힘들다고 말하는 사람은 대부분 페이스가 빠르기 때문에 다소 천천히 오를 수 있는 코스를 선택하는 것이 좋다. 처음부터 페이스를 조절하며 천천히 달리면 생각보다 훨씬 기분 좋게 트레일 러닝을 즐길 수 있다. 아무튼 먼저 하이킹 코스에서 천천히 산에 익숙해지는 연습을 하는 것이 좋다. 다만 유명한 하이킹 코스는 사람이 많아 혼잡하므로 충분히 주의해야 한다. 하이커가 우선임을 명심하고 마주치면 인사도 나누도록 하자.

06 등산로 달리기

익숙해지기 전에는 안전이 우선이다

유명한 산에는 하이킹 코스보다
등산로가 있을 가능성이 높다

하이킹 코스에 익숙해졌다면 본격적으로 등산로에 도전해보자. 먼저 등산로를 고를 때는 유명한 산이 좋다. 인기가 많은 산이라면 하이킹 코스보다 등산로가 있을 가능성이 높다. 이런 산은 등산로 접근도 쉽고 잘 정비되어 있기 때문에 위험한 곳도 적다. 다만 등산객도 많고 트레일 러닝을 즐기는 사람도 많다. 긍정적으로 생각하면 길을 잃었을 때 지나가는 사람에게 물어볼 수 있고, 만약 다치더라도 도움을 청할 수 있어 안심이다. 산이라면 당연히 인적이 드물고 조용해야 분위기가 좋다고 생각할지 모른다. 그러나 이런 산은 어느 정도 경험을 쌓은 뒤에 도전하자.

등산로를 선택할 때는 위험한 곳은 없는지, 너무 길지는 않은지, 물 확보가 가능한지, 출발 지점에서 정상까지 표고차가 얼마인지 등을 반드시 확인한다. 등산로가 처음이거나 체력에 자신이 없다면 일단 등산로가 짧고 위험한 곳이 없으며, 피난 시설과 물을 확보할 수 있는 곳을 택해야 한다. 정상으로 이어지는 등산로가 여러 개라면 이런 점을 살피면서 선택하는 것이 좋다. 또 너무 험한 산은 피한다. 표고가 낮아도 기암괴석으로 이루어진 산은 낙석으로 큰 부상을 입을 수 있기 때문이다. 이런 곳에서 스릴을 즐기는 사람도 있으나 익숙하지 않다면 피하도록 하자.

초보자에게는 내리막 경사가 급한 산이 적합하지 않다. 오르막은 한 걸음씩 천천히 올라가면 문제없지만 급한 내리막에서는 올바른 자세를 유지하지 않으면 무릎이 아프거나 넘어져 부상을 입을 수 있다.

피난 루트를 확보하는 일도 중요하다. 피난 루트란 부상을 입거나 지쳤을 때 도중에 단거리로 하산할 수 있는 루트를 의미한다. 사전에 이런 루트를 확보할 수 있는 산을 선택하면 안심이다.

산을 오르고 내려갈 때 서로 다른 길을 이용하고 싶다는 사람도 있는데 경험을 쌓기 전까지는 삼가자. 별로 재미없는 코스라도 올라갔던 길로 내려가는 것이 좋다. 어느 정도 등산로에 익숙해지면, 그때 산의 능선을 종주하는 길을 선택하거나 다른 등산로를 이용하는 등 본격적인 트레일 러닝을 즐기는 것이 좋다. 익숙해지기 전까지는 안전이 최우선이다. 경험이 부족한데 다양한 등산로를 체험해보고 싶다면, 경험자와 함께하거나 캠프 같은 이벤트를 활용해본다.

07 관광지 달리기

가족 여행을 겸해서 트레일 러닝을 즐기자

관광지에서 달리고 싶다면 사전에 조사하자

트레일 러닝을 스포츠가 아닌 관광이나 오락이라는 차원으로 접근하면 '여행지에서 달리기'를 생각해볼 수 있다. 필자도 시간이 되면 가족 여행을 겸해서 트레일 러닝을 할 수 있는 관광지나 리조트로 떠난다. 먼저 유명 관광지에 관광하면서 달릴 수 있는 트레일이 있는지 찾아본다. 가족이 자고 있는 이른 아침에 밖으로 나와 달리는 경우가 많다.

산에 있는 관광지나 리조트에는 거의 트레일이 있다. 다만 관광지는 관광이 주요 목적인 장소이므로 반드시 달릴 수 있다고 장담할 수는 없다. 특히 유명

관광지에는 많은 인파 때문에 달리기가 금지인 곳도 있다. 사전에 조사해서 확인해두는 게 좋다. 아무리 산속 리조트나 관광지라고 해도 어디든 마음 놓고 달릴 수 있는 것이 아니다. 다만 트레일을 통해 관광지로 접근해야 한다면 달리기를 즐길 수 있다.

관광지에서는 토산품을 구경하거나 맛집도 즐길 수 있는 장점이 있다. 필자는 그 지역에서만 맛볼 수 있는 메밀국수가 있다면 반드시 들러서 먹고 온다. 긴 휴가가 생긴다면 평소에 가기 힘든 먼 곳이나 해외로 떠나도 좋겠다.

POINT!

필자가 대회 전에 컨디션을 조절하러 자주 찾는 트레일의 주변 모습. 이곳에서 유명한 메밀국수를 즐기는 편인데, 메밀국수는 영양 흡수율이 높아 트레일 러닝에 좋다.

08 트레일 러닝 계획 짜기

융통성을 발휘할 수 있는 계획을 짠다

트레일 정보는 인터넷으로 검색하면 편리하다

 트레일 러닝 계획은 너무 빽빽하게 짜지 말고 융통성을 발휘할 수 있는 수준이 좋다. 아침 일찍 출발해서 해가 떨어질 때까지 달리다가 하산하기보다는 충분한 여유를 가지고 하산하자.

하산하면 그 지역 명소를 즐기거나 맛집을 들르는 일정을 넣어보는 것도 좋다. 코스는 하이킹이나 등산 가이드북을 참고해서 안전하게 잡자. 가이드북에는 코스가 상세히 실려 있다. 그리고 현지의 자세한 정보는 관광 협회나 트레일 러닝 협회, 가이드 협회 등에 미리 문의해서 정보를 확보하고 근처에 갈 일이

있다면 직접 방문해보는 것도 좋다.

초보자는 어떤 트레일이 좋은지 판단하기가 쉽지 않다. 그럴 때는 인터넷을 이용하면 편리하게 관련 산이나 트레일 정보를 검색할 수 있다. 다양한 사람이 많은 정보와 사진을 공유하기 때문에 보는 것만으로도 즐겁고, 정보도 손쉽게 얻을 수 있다. 내리막과 오르막이 심하지 않고 장거리가 아니라면 적절한 계획을 세울 수 있다. 익숙해지면 지도를 보고 재미있어 보이는 코스를 골라도 된다.

달릴 곳을 확정하면 출발점까지의 이동 경로와 교통편을 알아보자. 가이드북이나 인터넷에는 상세한 정보가 실려 있으니 참고하면 된다.

● 트레일 유형

편도 코스라면 출발점부터 결승점까지 같은 트레일을 한 번 이상 통과하는 일이 없다. 결승점까지 계속 다른 트레일을 달리기 때문에 늘 새로운 풍경을 즐길 수 있다. 다만 이런 경우에는 결승점에서 어떻게 복귀할지 알아둔다.

반면 왕복 코스는 오르막과 내리막이 동일하기 때문에 여러 가지 면에서 위험 부담도 적고 안심하고 일정을 짤 수 있어 경험이 많지 않은 사람에게 추천한다.

출발점과 결승점이 같지만 능선을 종주하는 형태로 같은 곳을 한 번만 통과하는 코스도 있다. 이 경우에는 트레일 코스가 다양하기 때문에 자신의 체력과 경험에 맞는 계획을 짜는 것이 중요하다.

● 러닝 시간

러닝 시간을 설정하는 것도 매우 중요한 계획 중 하나다. 러닝 소요 시간은 체력, 경험, 트레일 상태 등에 따라 천차만별이기 때문에 일괄적으로 말

할 수는 없으나 걸어서 걸리는 시간의 3분의 2 수준이 적당하다. 즉 걸어서 9시간 걸리는 코스라면 6시간으로 설정하는 것이 좋다.

● 교통편

지하철 이용

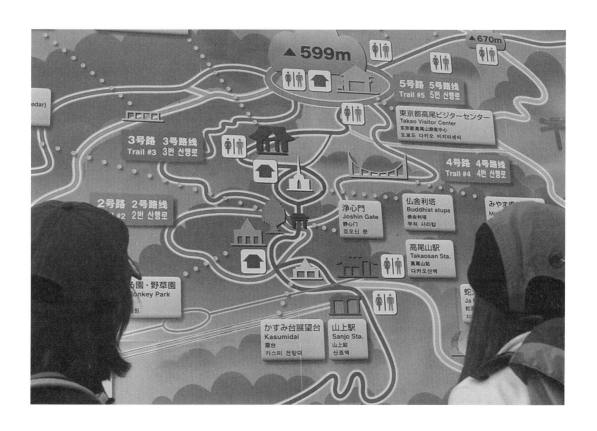 지하철을 이용할 때, 등산로까지 도보로 이동하기 어렵다면 마을버스를 이용한다. 유명한 산이라면 분명 버스가 있을 것이다. 버스를 이용할 때는 운행표를 잘 살펴봐야 한다. 휴일이나 계절 등에 따라 운행 버스가 적은 경우도 있다.

하산 후 이용할 버스의 시간표를 알아두자. 버스가 빨리 끊기는 경우도 있기 때문에 막차 시각에 맞춰 계획을 여유롭게 짜야 한다.

자동차 이용

자동차로 등산로 입구까지 이동할 때는 주차 시설을 확인한다. 현지 관광 협회나 관련 단체, 인터넷 검색 등을 통해 사전에 주차 정보를 조사하면 안심이다. 물론 주차장이 가득 찰 수 있다. 이런 상황도 고려하자.

택시 이용

등산로 입구까지 버스가 없거나 주차장이 없다면 역에서 택시를 이용하면 된다. 택시 회사 정보는 인터넷으로 검색하면 편리하다. 승차 인원이 많다면 버스보다 택시가 저렴할 수 있다. 돌아갈 때도 택시를 이용해야 하기 때문에 하차할 때 돌아갈 택시를 예약해두는 것도 좋은 방법이다.

09 규칙과 매너

산에서 트레일 러너는 아직 신참이다

남들에게 폐 끼치지 말고 사고 없이 즐기자

트레일 러닝을 할 때는 '자연의 축복에 감사'하는 마음으로 즐겨야 한다. 남들에게 폐를 끼치지 않아야 하며 사고가 나지 않도록 주의하고 규칙을 잘 지켜야 한다.

등산로나 하이킹 코스를 달릴 때는 많은 사람들과 트레일을 공유할 수밖에 없다. 누가 우선이라는 법은 없지만 최소한의 규칙은 알고 산에 들어가야 한다.

최근에는 트레일 러닝이 각광을 받고 있어 경험이 부족한 러너가 늘고 있다. 어떤 하이커에게 트레일 러너들이 산에서 지켜야 할 규칙을 모르고 달린다고 불평을 들은 적이 있다. 모든 트레일 러너가 다 그런 것은 아니겠지만 산에서는 산 나름의 규칙을 지켜야 한다. 트레일 러닝이 알려지기 시작한 것은 극히 최근이기 때문에 산에서는 아직 신참이다. 이런 지적을 받지 않도록 주의하자.

● 오르막이 우선

산에서는 오르막을 오르는 사람이 우선이다. 오르막을 오를 때는 일정한 리듬이 필요한데 이 리듬을 잃어버리면 체력 소모가 많아진다. 그래서 내려가는 사람이 길을 피해 양보해야 한다. 이때 '수고하십니다.'라고 인사말을 하는 것도 좋겠다.

● 앞지르기 요령

오르막에서 앞선 하이커나 러너를 앞지를 때는 가능한 한 공간이 넓은 쪽을 선택하거나 '안녕하세요. 먼저 갈게요.'라고 외치며 지나가는 것이 좋다. 뒤에서 나는 소리는 잘 들리지 않기 때문에 인기척 없이 지나가면 상대가 놀랄 수 있다. 말을 걸면 상대도 준비할 시간을 확보할 수 있다. 뒤에서 앞지르는 러너가 있다면 한쪽으로 길을 양보해주는 배려심도 중요하다.

CHECK! 경험자와 함께하자

초보자가 혼자서 산에 들어가는 것은 삼가자. 경험자와 함께 오르는 것이 가장 좋다. 초보자는 페이스 조절을 잘 못하기 때문에 체력이 있을 때는 잘 오르다가도 결국 도중에 지쳐버리는 경우가 많다. 일정한 페이스를 유지할 수 있고 전체 코스를 파악하고 있는 경험자와 함께하는 것이 좋다.

함께 달릴 때 페이스는 속도가 가장 느린 사람에 맞추는 것이 기본이다. 경험자는 선두를 담당하고 동료들의 상태를 점검하면서 페이스를 조절해야 한다. 이벤트나 캠프에서는 보통 경험 많은 가이드가 인솔하기 때문에 이런 걱정 없이 즐길 수 있어 편리하다. 단, 불특정 다수와 함께 달리기 때문에 서로 협조하고 배려하는 마음가짐이 필요하다.

● 트레일에서 인사

▲▲▲ 규칙까지는 아니지만 산에서 사람을 만나면 '안녕하세요.' '수고하십니다.' 정도로 서로 인사를 하는 것이 좋다. 사람은 어디서든 예의를 잘 지켜야 한다. 자연 속에서는 성별도 나이도 지위도 필요 없다. 마주치는 사람이 많더라도 귀찮아하지 말고 한 사람 한 사람 모두에게 인사하자.

● 쓰레기를 버리지 말고 자연을 훼손하지 말자

▲▲▲ 짐을 최소화해서 가볍게 달리는 것은 좋지만, 그렇다고 쓰레기를 무단으로 버려서는 안 된다. 자연은 모두의 보물이므로 쓰레기는 반드시 되가져 오자. 필자는 자신의 쓰레기뿐만 아니라 달리는 도중에 주머니에 들어갈 정도의 작은 쓰레기를 발견하면 주워온다. 동물의 먹이가 될 만한 것은 절대 손대지 않는 것도 규칙이다.

산에 있는 식물을 채취하는 것도 규칙 위반이다. 고산 식물을 비롯해서 산에는 귀중한 식물이 자란다. 모두 협력해 소중한 자연을 지키자.

● 트레일을 훼손하지 말자

▲▲▲ 트레일 밖으로 나가서는 안 된다. 동식물의 생태에 영향을 줄 수 있기 때문이다. 또한 트레일은 정비하는 데 수고가 들기 때문에 어떤 이유에서든 훼손해서는 안 된다.

CHECK! 휴식하는 법

휴식의 기본은 지치기 전에 쉬는 것이다. 지친 상태라면 쉬어도 회복되지 않기 때문에 자신의 체력에 맞춰 쉬어야 한다. 잠시 쉴 때는 길가로 이동해서 다른 하이커나 러너의 방해가 되지 않도록 한다.

무작정 뛰고 쉬는 게 아니라 목표를 설정해서 완급을 조절하면 좋은 페이스로 달릴 수 있다. 산에 대피소 같은 휴게시설이 많다면 그곳을 목표로 삼아도 좋다. 목표를 설정하면 힘들어도 한 발짝 더 움직일 수 있다.

● 낙석은 꼼꼼히 살피자

낙석은 자연적으로 발생하거나 앞서가는 사람의 부주의로 발생하기도 한다. 작은 돌이라도 일단 굴러 떨어지면 다른 돌에 영향을 주고, 속도가 빨라지면 총알처럼 매우 위험하다. 트레일에서 벗어난 등산객이 일으키는 경우가 많기 때문에 반드시 트레일에서 이탈하지 말고 낙석을 일으키지 않도록 조심해야 한다. 만일 낙석이 발생했다면 소리쳐 위험을 알린다. 이동할 때 신중을 기하는 것도 중요한 기술 중 하나다.

● 폴을 짚는 곳

폴은 트레일 러닝을 보다 편안히 즐길 수 있게 도와주는 장비다. 그러나 잘못 사용하면 나무뿌리나 식물에 상처를 쉽게 준다. 폴을 짚는 곳은 기본적으로 지면이나 바위, 돌 등이다. 이 때문에 대수롭지 않다고 생각할 수도 있으나 '나 하나쯤은 괜찮겠지.'라는 생각이 쌓여 자연을 파괴하는 원인이 되기도 한다.

좁은 트레일에서 폴을 크게 흔드는 행위도 금물이다. 자연을 보호하겠다는 마음가짐은 우리에게 항상 멋진 경치를 선사해주는 자연을 향한 경의다.

● 화장실 이용법

화장실은 대피소나 휴게시설에 설치된 곳을 이용하면 된다. 다만 화장실이 없을 때를 대비해 휴대용 화장실을 지참하자. 이는 러너뿐만 아니라 등산객이나 하이커 모두에게 적용된다. 휴대용 화장실 지참은 자연을 지키는 실천 방법이다. 지하철역이나 주차장 화장실을 미리 이용해두면 좋다. 도저히 어쩔 수 없는 상황이라면 트레일에서 조금 벗어나 위험하지 않은 곳에서 볼일을 봐야 한다. 이때 주변 식물에 피해를 주지 않도록 주의하자. 미용 티슈는 물에 잘 녹지 않기 때문에 가능한 한 화장실용 휴지를 사용하는 것이 좋고 뒤처리는 흙으로 덮는다.

> **CHECK!** 산에서 날씨는 변화무쌍하다
>
> 전국적으로 고기압이 분포하지 않는 이상 산에서 겪는 날씨는 시시각각 변한다. 그리고 산에서는 특유의 바람이 분다. 이 바람에 따라 구름이 발생하고 소나기가 내린다.
>
> 지금은 인터넷이나 스마트폰으로 각지의 날씨예보를 쉽게 알 수 있다. 산의 매력을 더 자세히 알기 위해서라도 날씨예보나 일기도를 미리 살펴보는 것이 좋다.

10 배낭 소지품

응급처치를 위한 장비는 필수품이다

가볍고 부피가 늘어나지 않으면서 필수 기능이 있는 것

배낭에 넣고 다닐 소지품은 달리는 장소나 코스, 날씨, 계절 등에 따라 다르지만 기본적으로 하이드레이션 팩(hydration pack. 호스가 연결된 물주머니), 행동식, 다양한 에너지 푸드와 보조제, 구급장비 등이 있다. 계절에 따라 방한 레이어 웨어나 레인재킷 등 아웃도어 웨어도 챙겨야 한다. 구급장비는 빈번히 사용하지 않지만 만일의 사태에 대비해 반드시 소지한다.

배낭은 필요한 기능을 갖추고 있으면서 가볍고 작으며, 부피가 늘어나지 않는 것이 좋다. 스마트폰을 챙기고 만약을 위해 나침반, 지도 등도 소지한다. 음식은 비에 젖지 않도록 같은 종류끼리 나누어 방수가 되는 파우치나 지퍼 팩에 보관한다.

POINT!

산속 날씨는 변화무쌍하다. 체온 저하를 막기 위해 가볍고 부피가 작은 기능성 레이어 웨어나 보온성 높은 방한 의류 등 기능성 아웃도어 웨어가 필수다.

CHECK! 응급처치 장비

트레일 러닝은 산속에서 즐기는 스포츠다. 무슨 일이 일어날지 알 수 없기 때문에 응급처치 장비도 필요하다. 의료용 거즈, 반창고, 테이핑 테이프, 가위, 소독약, 물티슈 등은 준비해야 할 최소 물품이다. 이외에 독벌레에게 쏘이거나 독사에게 물렸을 때 독성분을 빨아내는 포이즌 리무버(독을 흡입하는 응급처지 기구)도 가능하다면 넣어두자.

11 배낭 바르게 메기

등에 짊어지고 나서 몸에 맞게 조절한다

자신의 체형에 맞는 배낭을 구하자

달릴 때 배낭이 흔들리면 몹시 불편하다. 그때는 배낭을 내팽개치고 싶은 생각마저 든다. 그런데 배낭도 몸에 맞게 잘 메면 한결 기분 좋게 트레일 러닝을 즐길 수 있다.

일단 배낭은 가벼운 것이 좋지만 자신의 몸에 잘 맞느냐가 더 중요하다. 사람 몸은 제각기 다르기 때문에 모든 사람에게 맞는 배낭은 없다. 자신의 몸에 맞게 조절해서 메야 한다.

1. 먼저 허리 벨트(웨스트 스트랩)를 조인다

모든 스트랩을 느슨히 해서 배낭을 멘다. 허리 벨트를 좌우 양쪽의 골반 위치에 맞춰 스트랩을 조인다. 이때 너무 꽉 조이지 않도록 주의하고 복부를 압박하지 않을 정도가 좋다.

2. 다음으로 어깨 벨트(숄더 스트랩)를 조인다

어깨 벨트를 조인다. 허리 벨트가 배낭의 하중을 지탱하기 때문에 어깨 벨트는 강하게 조이지 않아도 된다. 너무 꽉 조이면 어깨에 부담이 생기므로 등에 밀착될 정도가 적당하다. 어깨 벨트는 견갑골 부근까지 조이고, 벨트가 어깨선에 따라 정확히 자리하고 있는지 확인한다.

3. 마지막으로 어깨 위의 벨트를 조인다

마지막으로 어깨 위의 벨트를 조여 배낭을 몸에 밀착시킨다. 배낭이 몸에 밀착되지 않으면 달릴 때 상하로 흔들리기 때문에 안정적인 달리기를 방해한다. 배낭이 몸에 잘 맞으면 달리기가 한결 더 즐겁다.

12 수분과 영양 보충

수분은 틈틈이 보충하는 것이 좋다

'목이 마르다'는 생각이 들면 이미 늦다

운동을 하면 체온이 상승한다. 그래서 인간은 땀을 흘려서 체온을 유지한다. 이때 가장 중요한 것이 수분 보충이다. 목이 마르지 않아도 수분을 틈틈이 보충하는 것이 중요하다. '목이 마르다'고 느끼면 이미 수분 부족 현상이 일어났다는 의미이므로 이때 보충하는 것은 늦다.

탈수 증상으로 목숨을 잃을 수도 있다는 사실을 알아야 하며 수분 보충은 열사병이나 고산병에 효과적이다. 보충량은 그때의 상황이나 날씨에 따라 다르기 때문에 달리는 도중에 물을 확보할 수 없다면 미리 준비하자. 일반적으로 물은 1~2L를 준비하면 된다.

물은 1L에 무게가 1kg이다. 의외로 무겁기 때문에 너무 많이 소지하는 것은 체력 소모로 이어진다. 그래서 다소 비싸기는 하지만 산에 있는 매점을 이용하면 편리하다.

13 염좌 예방과 테이핑
부상을 방지하고 재발을 막는다

CHECK! 무릎 양쪽 슬개골에 있는 인대의 부담을 줄이자

장거리를 달릴 때면 늘 허벅지에 두 줄 테이핑을 한다. 한 줄은 의자에 앉은 상태에서 무릎 아래부터 허벅지 바깥쪽까지 붙이고, 다른 한 줄은 쪼그리고 앉은 상태에서 마찬가지로 무릎 아래부터 시작해 허벅지 위로 당겨 붙인다. 이렇게 하면 장시간 달려도 무릎을 테이핑이 잡아주기 때문에 통증이 생기는 것을 완화하고, 무릎 양쪽에 있는 인대의 부담을 줄일 수 있다.

발뒤꿈치와 발목, 무릎과 허벅지 등을 보강하자

테이핑은 손가락이나 손목, 발 등 관절에 부상이 생기지 않도록 보강하거나, 움직임을 제한해 부상 재발을 막아준다. 이때 테이핑은 깁스처럼 단단히 관절을 고정하는 것이 아니라 달리기에 지장이 생기지 않는 범위 내에서 염좌가 생기지 않도록 관절 움직임을 제한하는 수준이 좋다. 스포츠 종류에 따라 부상을 입기 쉬운 부위가 다르지만 트레일 러닝은 주로 발뒤꿈치나 발목, 무릎과 허벅지를 중심으로 보강해서 부상을 방지한다.

발에 피로가 축적되면 부상 입을 확률이 높고 재발할 가능성도 높다. 테이핑은 이런 곳을 보강해 보호하는 효과가 있다. 염좌, 인대 손상, 탈구 등은 해당 부위가 정상 가동 범위를 넘어섰을 때 발생하는 부상이다. 이런 부상을 방지하기 위해 테이핑으로 가동 범위를 제한하면 효과를 볼 수 있다.

부상을 입고 약해진 근육이나 관절, 힘줄, 인대 등에 테이핑을 해도 그 부위를 보강할 수 있다. 이는 부상 재발 방지에도 효과적이다. 아무래도 부상을 입었던 부위를 보강하고 보호하면 안심하고 즐겁게 달릴 수 있다.

테이핑에 과도하게 의존하는 것은 금물이다. 테이핑을 했다고 부상이 완치되거나 부상을 완전히 막을 수 있는 것은 아니다. 테이핑은 어디까지나 보완하는 측면이 강하다는 사실을 명심한다.

CHECK! 누구나 쉽게 붙이는 테이핑

전문 테이핑은 관련 지식이 없으면 쉽게 붙일 수가 없다. 게다가 테이핑 작업은 귀찮은 일이기도 하다. 필자는 발목에 X자형 테이프를, 무릎에는 V자형 테이프를 사용하고 있다. 시중에는 이런 스포츠 테이프를 많이 판매하고 있는데 누구나 쉽게 붙일 수 있는 제품이다. 이 테이프는 신체 각 부위의 흔들림을 막고 피로를 줄여준다.

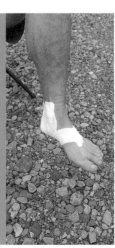

평소에 훈련하기

평소에 근육을 단련하자

일상생활 중에 운동을 생활화하자

트레일 러닝처럼 오르막이나 내리막을 달리는 스포츠를 즐기려면 평소 근육 단련에 신경 써야한다. 평지를 걷거나 달릴 때는 잘 사용하지 않는 허벅지 근육인 대퇴사두근이 가장 중요한 근육이다. 비탈길을 오를 때 중요한 역할을 하며, 내려갈 때 큰 부하를 받는다. 또 무릎 관절을 보호하는 기능을 한다. 종아리인 하퇴삼두근은 발끝으로 몸을 지탱해야 하

는 트레일에서 큰 부하를 받는 근육이다. 종아리 앞쪽인 전경골근은 트레일을 오를 때 발끝을 들어 올리는 기능을 한다. 이 근육이 약하거나 피로가 쌓이면 발끝을 지면에 끌며 걸을 수밖에 없어 어딘가에 걸려 넘어지기 쉽다.

배와 등 근육은 상체를 똑바로 유지하기 위해 필요하다. 이 근육이 약하면 자세가 불안정해 몸의 균형

이 나빠지고 쉽게 지친다. 몸의 축을 유지하기 위해서는 코어 근육도 강화해야 한다.

이상이 트레일 러닝에 필요한 대표적인 근육인데, 이 외에도 많은 근육을 사용하기 때문에 평소에 단련해둬야 즐겁게 달릴 수 있다. 그런데 사람은 보통 '매일 운동을 해야지.'라고 생각하면 오히려 게을러지는 경향이 있다. 일상생활에서 자세에 신경을 쓰거나 계단을 이용하는 습관을 들이면 자연스럽게 근육 강화를 할 수 있다.

계단 오르내리기나 자전거로 출퇴근하기

▲▲▲ 트레일 러닝과 유사한 운동으로는 계단 오르내리기가 있다. 아파트나 회사 건물, 학교, 통학 도중에 있는 계단 등 일상생활에서 접하는 여러 장소에서 엘리베이터나 에스컬레이터 사용을 줄이고 계단 이용을 생활화하자.

계단을 이용하면 트레일 러닝에 필요한 근육을 단련할 수 있다. 트레이닝 방법에는 2단이나 3단 오르기, 1단씩 허벅지를 높이 들며 오르기 등이 있다.

2단이나 3단 오르기는 천천히 점프하며 오르는 방법으로 종아리 근육을 단련하는 데에 효과적이다. 1단씩 오르기는 허리와 등을 곧게 펴고 팔을 크게 흔들면서 허벅지를 높이 들어 올라가자. 허벅지 근육을 단련할 수 있다. 또 계단을 발끝으로 오르면 종아리 근육이 강화된다.

계단을 내려갈 때는 트레이닝 효과도 크지 않고 발을 디딜 때 위험하므로 조심한다. 다만 내리막 트레일을 상상하면서 발의 움직임에 집중해 연습하면 도움이 된다.

통근이나 통학 길은 몸을 움직일 수 있는 절호의 기회다. 집에서 회사나 학교까지 자전거를 이용하면 상당한 트레이닝 효과가 있다. 자전거 트레이닝은 교통비도 아낄 수 있으니 일석이조인 셈이다. 다만 자전거는 다리에 부하를 주면서 지구력을 키우기에 안성맞춤이지만 충격에 잘 견디는 근육을 단련할 수 없다.

CHECK! 근처 오르막길을 이용하자

오르막이나 내리막이 많은 트레일 러닝을 연습할 때는 근처 오르막길을 이용하면 좋다. 아스팔트로 포장된 길이라도 상관없다. 오르막과 내리막을 이용해 반복 훈련하거나 속도 편차를 두고 인터벌 연습을 해도 좋다. 짧은 오르막을 몇 개 전력 질주해서 기록을 측정하는 것도 좋은 방법이다. 즉 자신에게 맞는 훈련 방법이나 훈련량을 찾아서 정기적으로 훈련하면 오르막과 내리막에 필요한 근력을 단련할 수 있다. 근력이 생기면 산을 달리는 일이 정말 즐거워진다. 또 제자리에서 하는 스쿼트 운동도 매우 효과적이기 때문에 일상생활에서 실천할 수 있는 트레이닝으로 추천한다.

15 지도 읽는 법

지도는 '보는 것'이 아니라 '읽는 것'

등산이나 하이킹용 지도로 산의 지형을 익히자

▲▲▲ 지도는 '보는 것'이 아니라 '읽는 것'이다. 등산이나 하이킹과 마찬가지로 트레일 러닝도 지도 읽는 법을 알아야 한다.

유명한 코스라면 상세한 가이드북이나 현지 안내서가 있어 매우 편리하다. 하지만 전문 서적으로 지도 읽는 법의 기본 지식이나 나침반 사용법을 익혀두는 것이 좋다.

등산이나 하이킹용 지도에는 표고도 표시되어 있다. 표고에 따라 색으로 구분하기 때문에 한눈에 파악할 수 있다. 예를 들어 등고선이 정상을 향해 굽어 있다면 계곡이고, 반대로 정상에서 튀어 나와 있다면 능선이다. 또 코스 타임(평균적인 페이스로 걸었을 때

걸리는 시간)이 적혀 있어 편리하다. 오를 때 걸리는 시간과 내려갈 때 걸리는 시간이 적혀 있는 경우가 많으며, 이 시간차가 크면 클수록 고저차가 크고 경사도 심하다. 반대로 시간차가 적으면 적을수록 경사가 완만하다.

달리는 속도와 휴식 시간, 돌발 상황 등이 발생했을 경우를 고려해 산이 익숙하지 않다면 여유를 두고 계획을 짜야 한다. 달리기 전에 지도를 읽으면서 산의 모양이나 경로를 확실히 머릿속으로 그려보는 것이 중요하다. 초보자가 천천히 달리면서 도중에 몇 차례 휴식을 취하면 대개 코스 타임으로 통과한다.

16 동적 스트레칭과 정적 스트레칭

스트레칭으로 부상을 방지한다

동적·정적 스트레칭으로 평소에 몸을 보호하자

달리기 전에 가볍게 조깅을 해서 몸을 데운 후 동적 스트레칭을 실시한다. 그리고 달린 후에는 정적 스트레치, 즉 쿨다운(cool down)을 한다. 운동을 끝낸 후에 바로 집으로 돌아가 술이나 밥을 먹거나 잠자리에 드는 사람도 많지만, 근육통을 막으려면 쿨다운이 필요하다. 익숙해지기 전까지는 귀찮은 일이지만 정적 스트레칭으로 피로를 풀면 다음날 몸 상태가 전혀 다름을 알 수 있다.

스트레칭 요령을 간단히 알아보면 다음과 같다. 먼저 통증이 생기기 바로 직전에 멈춘다. 천천히 리듬감을 갖는다. 반동을 주지 않는다. 숨을 천천히 내쉬며 실시한다. 근육과 힘줄이 이완됨을 의식한다. 이같은 기본 사항을 언제나 지키자. 트레일 러닝도 엄연한 스포츠이기 때문에 스트레칭으로 부상을 방지하고 피로를 풀어 몸을 보호하자. 운동할 때뿐만 아니라 평소 꾸준히 스트레칭하면 건강한 일상생활을 즐길 수 있고, 스트레칭 기술도 크게 향상될 것이다.

● 동적 스트레칭

비스듬히 앞으로 기울이기 ①

1. **효과 부위** : 햄스트링, 종아리
2. **실시 방법** : 양발을 어깨너비보다 다소 넓게 벌리고, 허리를 숙이면서 양팔을 한쪽 다리의 발끝을 향해 뻗는다. 이때 발끝을 들어 올리고 무릎은 편다. 반대쪽 무릎은 가볍게 구부려도 좋다. 몸을 세우고 반대쪽도 동일하게 실시한다.
3. **횟수** : 좌우 교대로 총 10~20회

비스듬히 앞으로 기울이기 ②

1. **효과 부위** : 햄스트링, 종아리, 고관절, 견갑골
2. **실시 방법** : 오른발을 가능한 한 높이 올리고 왼팔을 크게 돌려 손끝으로 발끝을 터치한다. 이때 상반신이 앞으로 쏠리지 않도록 주의한다. 반대쪽도 동일하게 실시한다.
3. **횟수** : 좌우 교대로 총 10~20회

가랑이 벌려 허들 넘기

1. **효과 부위** : 고관절
2. **실시 방법** : 자신의 눈앞에 허들이 있다고 생각하고 가능한 한 큰 동작으로 가랑이를 벌려 넘는다. 팔도 흔들면서 균형을 맞춘다.
3. **횟수** : 좌우 교대로 총 10~20회

무릎 옆으로 올리기

1. **효과 부위** : 고관절
2. **실시 방법** : 양팔을 수평으로 벌리고 다리를 들어 무릎을 팔꿈치까지 올린다. 이때 상반신은 똑바로 펴고 좌우로 기울어지지 않도록 주의한다. 팔은 수평을 유지하며 아래로 내려가지 않아야 한다.
3. **횟수** : 좌우 교대로 총 10~20회

고관절 상하 운동 ①

1. **효과 부위** : 고관절
2. **실시 방법** : 양발을 어깨너비보다 넓게 벌린다. 손을 무릎에 대고 그대로 내려갈 수 있는 만큼 허리를 낮춘다.
3. **횟수** : 5~10회

고관절 상하 운동 ②

1. **효과 부위** : 고관절
2. **실시 방법** : 한쪽 발을 크게 한 걸음 앞으로 내디딘다. 손을 무릎에 대고 그대로 내려갈 수 있는 만큼 허리를 낮춘다.
3. **횟수** : 좌우 교대로 5~10회

고관절 돌리기

1. **효과 부위** : 고관절, 햄스트링
2. **실시 방법** : 한쪽 발을 크게 한 걸음 앞으로 내디딘다. 내디딘 발과 같은 쪽 팔을 무릎 아래의 안쪽에서 바깥쪽으로 내민다. 이 상태에서 무릎으로 가능한 한 큰 원을 그린다.
3. **횟수** : 좌우 각각, 시계방향·반시계 방향으로 5~10회씩

고관절 펴기

1. **효과 부위** : 고관절
2. **실시 방법** : 양발을 한계점까지 좌우로 벌린다. 양팔로 지면을 지탱하며 무릎이 지면에 닿을 때까지 손으로 상체를 전진시킨다. 그리고 몸을 좌우로 수차례 비튼다. 몸에 무리가 가지 않는 범위 내에서 천천히 실시한다. 달릴 때는 고관절의 움직임이 중요하기 때문에 고관절을 꼼꼼히 스트레칭하면 한결 달리기가 부드럽고 쾌적하다.

허리 운동

1. **효과 부위** : 허리
2. **실시 방법** : 상반신은 정면에 고정한 채 허리를 크게 좌우로 비튼다. 팔은 허리와 반대 방향으로 흔들며 팔과 허리가 같은 방향이 되지 않도록 주의한다.
3. **횟수** : 20~30회

견갑골 운동

1. **효과 부위** : 견갑골
2. **실시 방법** : 양쪽 어깨를 붙인다는 느낌으로 좌우 팔꿈치를 동시에 뒤로 최대한 당긴다. 달리기의 기본인 팔 동작을 원활히 해주는 운동이므로 견갑골의 움직임을 느끼면서 팔꿈치를 당기는 것이 좋다.
3. **횟수** : 30~50회

● 정적 스트레칭

고관절과 종아리

1. **효과 부위** : 고관절, 종아리
2. **실시 방법** : 양발을 어깨너비보다 다소 넓게 벌리고, 허리를 최대한 아래로 낮춰 고관절과 종아리 근육을 펴준다. 체중을 좌우로 이동시키면 종아리 근육을 좀 더 펼 수 있다.
3. **시간** : 20~30초

엉덩이 · 장경인대 · 햄스트링

1. **효과 부위** : 엉덩이, 장경인대(무릎 바깥쪽), 햄스트링
2. **실시 방법** : 양발을 교차하여 상반신을 앞으로 굽힌다. 이때 앞으로 내민 발과 반대쪽 엉덩이를 편다는 느낌으로 한다.
3. **시간** : 좌우 각각 20~30초

엉덩이 ①

1. **효과 부위** : 엉덩이
2. **실시 방법** : 포복 자세에서 한쪽 발을 앞으로 내밀고, 종아리 부분을 지면에 붙이면서 상반신을 아래로 누른다. 발의 위치를 바꾸면 엉덩이의 자극 부위도 변한다. 러너들에게 많이 생기는 장경인대염을 예방할 수 있기 때문에 엉덩이 스트레칭은 꼼꼼히 실시하자.
3. **시간** : 좌우 각각 20~30초

엉덩이 ②

1. **효과 부위** : 엉덩이
2. **실시 방법** : 손으로 몸을 지탱하면서 무릎을 세워 앉는다. 한쪽 다리를 반대쪽 무릎에 올린다. 엉덩이를 발뒤꿈치 방향으로 밀면 근육이 더 늘어난다.
3. **시간** : 좌우 각각 20~30초

엉덩이 ③

1. **효과 부위** : 엉덩이
2. **실시 방법** : 손으로 몸을 지탱하면서 무릎을 세워 앉는다. 무릎에 발목을 올리고 엉덩이를 발뒤꿈치 방향으로 밀면서 근육을 늘인다.
3. **시간** : 좌우 각각 20~30초

온몸 비틀기

1. **효과 부위** : 등
2. **실시 방법** : 누워서 다리를 반대쪽으로 뻗으며 몸을 비튼다. 팔은 몸을 정면으로 유지하기 위해 발의 반대편으로 벌린다.
3. **시간** : 좌우 각각 20~30초

대퇴이두근

1. **효과 부위** : 대퇴이두근
2. **실시 방법** : 한쪽 다리를 접고 상반신을 뒤로 젖혀 대퇴이두근을 확실히 늘인다.
3. **횟수** : 좌우 각각 20~30초

가랑이 늘이기

1. **효과 부위** : 고관절
2. **실시 방법** : 다리를 앞으로 크게 내딛고 상반신을 뒤로 젖힌다. 뒷다리 쪽 허리를 손으로 지탱하면서 가랑이를 더 펴준다.
3. **횟수** : 좌우 각각 20~30초

CHECK! 등산 보험을 고려해보자

사고는 불시에 일어난다. 산에서도 물론 사고가 일어날 수 있다. 앞으로 트레일 러닝을 시작하려는 사람은 인터넷을 검색해서 등산 보험이나 산악 여행자 보험을 가입해보는 것은 어떨까. 이런 보험은 대체로 보험료가 저렴하고, 산에서 겪을 수 있는 각종 상해와 휴대품 손상 등을 보장한다. 물론 보험사가 보장하지 않는 범위를 꼼꼼히 사전에 확인해야 한다.

17 피로 해소를 위한 목욕

냉수 찜질도 효과가 좋다

하산 후 바로 집으로 가지 말고 목욕으로 피로를 풀자

트레일 러닝 후에 서둘러 집에 가지 말고 목욕을 하며 땀을 식힌 후 돌아가는 것을 추천한다. 다만 운동 후 바로 뜨거운 탕에 들어가면 근육 염증을 악화시켜 근육통을 유발한다.

운동 후에는 먼저 반드시 차가운 물로 몸을 식혀야 한다.(아이싱) 근처에 강이 있다면 뛰어들어 몸을 충분히 식히자. 산속의 물은 놀랄 정도로 차갑지만 그만큼 아이싱 효과는 확실하다. 발의 피로를 줄여주는 데도 그만이다.

산 근처에 온천이 있다면 온천을 더욱 추천한다. 일반적으로 온천은 이완 효과, 온열 효과(보온, 자극 등) 등 다양한 건강 증진 작용을 한다고 알려져 있다. 이런 온천의 효과는 약리 작용과 물리 작용으로 나눌 수 있는데, 약리 작용은 온천수에 함유되어 있는 화학 성분(칼륨이온) 덕분이고, 물리 작용은 온열이나 수압, 부력 때문이다. 이 두 가지가 종합적으로 신체에 작용하여 인간이 본래 가지고 있는 자연 치유 능력을 향상한다. 온천에는 원기 회복이나 타박상 치료에 효과가 있는 성분이 많이 함유되어 있다.

운동 후 피로를 빨리 없앨 수 있는 온천 욕법을 소개하겠다. 먼저 몸이 뜨거운 온도에 익숙해지도록 몸의 끝부분부터 뜨거운 물에 적신다. 그리고 전신욕을 할 때는 다소 뜨거운 물에 몸을 담근다. 이렇게 하면 혈관이 넓어져 혈액 순환이 좋아진다. 욕조에 기포

장치가 있다면 기포 자극으로 혈액 순환을 촉진할 수도 있다. 잠시 휴식한 후에는 열탕에서 등이나 어깨 등 결림이 생기기 쉬운 부분을 마사지해서 통증이나 뻐근함을 완화한다. 마지막으로 노천탕이나 약초탕, 큰 욕조 등에서 느긋하게 충분히 이완하며 온천을 즐긴다. 다만 너무 피곤하다면 일단 휴식을 취한 후 입욕하는 것이 좋다. 온천에서 나올 때 샤워를 하는 사람도 있지만 온천 성분이 제거되기 때문에 가볍게 물기를 털어버리는 정도가 좋다.

산에서는 자외선이 강해서 피부가 상하기 쉽다. 자외선은 피부에 염증을 일으키는데 이때 피부는 손상과 재생을 반복하면서 건조해져 거칠어지며 기미의 원인이 된다. 이런 피부 트러블에 온천이 효과적이다.

피부 트러블에는 '알칼리성 온천'이 좋다. 팩을 한 듯이 피부가 촉촉해지고 각질이 부드러워져 자연스럽게 제거된다. 진통 효과나 항염증 효과도 있어 특히 자외선에 많이 노출된 피부에 최적이다. 여성분들에게는 꼭 권하고 싶다. 이처럼 트레일 러닝을 즐긴 후에는 목욕탕이나 온천에 잠시 들러 몸과 마음의 피로를 해소해보는 것은 어떨까? 아이싱과 입욕으로 지친 심신을 달래보자.

결승점을 통과할 때 맛보는 높은 성취감이 레이스의 매력

레이스에 참가하는 목적은 힘들게 결승점을 통과하기 위해서만은 아니다. 첫 참가라면 불안하겠지만 레이스를 눈으로 즐기는 것이 중요하다. 첫 레이스에서는 자신의 페이스를 당연히 알기 힘들다. 특히 출발할 때 긴장해서 주위의 빠른 페이스를 그대로 따라가기 쉽기 때문에 주의에 있는 러너들을 최대한 의식하지 말고, 처음부터 자신의 페이스로 달려야 한다. 주변을 의식하다 보면 냉정을 잃고 초조한 마음에 페이스가 빠른 러너를 쫓아가게 되는데 이는 금물이다.

자신을 추월하는 사람이 많더라도 페이스를 지키고 응원 나온 사람들에게 미소로 화답하며 달리자. 만약 도중에 힘들면 주변을 돌아보자. 남녀노소 다양한 러너들이 제각기 다른 자세로, 제각기 다른 패션을 뽐내며 달리고 있을 것이다. 이런 광경을 지켜보면서 달리면 고통도 잠시 잊을 수 있다.

다만 남은 거리를 알고 있고 의외로 컨디션이 좋다면 앞선 러너들을 쫓아 추월해보자. 분명 자신이 레이스에 참가하고 있다는 사실을 실감할 수 있다.

결승점을 통과하면 그 성취감은 말로 표현할 수 없을 정도다. 도중에 힘들었지만 결승점을 통과하고 나면 또다시 레이스에 도전하고 싶어진다. 이것이 레이스의 매력이다.

중도에 레이스를 포기하거나 생각처럼 레이스가 풀리지 않기도 하지만 그럴 때는 좌절하지 말고 실패한 원인을 찾아 다음에 더 잘할 수 있는 기회로 삼으면 된다. 필자도 수없이 실패하면서 많은 것을 배웠다. 실패하더라도 좌절하지 않으면 성장의 밑거름이 된다.

CHAPTER 06

레이스에 참가하기

일단은 즐기자. 그리고 목표가 정해지면 도전하자!

01 레이스 종류와 선택법

큰 성취감과 감동을 맛볼 수 있다

가을에 열리는 트레일 레이스. 변화무쌍한 트레일에서 가을 산과 들을 만끽하며 트레일 러닝의 매력을 체험할 수 있다.

초보자도 손쉽게 출전할 수 있는 레이스의 매력

트레일 러닝의 큰 즐거움 중 하나는 레이스에 참가하는 것이다. 주행 거리가 조금씩 늘어나고 달리는 즐거움이 싹트면 당연히 레이스에 나가고 싶어진다. 게다가 레이스를 통해 산을 처음 경험하는 사람도 많다.

레이스는 많은 러너와 함께 달리기 때문에 지식이나 기술이 많지 않아도 상관없다. 초보자도 가볍게 참가할 수 있는 것이 레이스의 큰 매력이다. 다만 레이스 주최자에게 모든 일을 맡겨서는 안 되며 사고는 자기 책임임을 명심하고 최소한의 지식과 기술은 갖추고 있어야 한다.

무엇보다 자연을 무대로 개최되는 레이스에서는 완주한 순간에 무엇과도 바꿀 수 없는 큰 성취감과 감동을 받을 수 있다. 최근 트레일 러닝이 각광을 받

고 있기 때문에 분명 주말에는 전국 어딘가에서 레이스가 개최되고 있을 것이다. 일반 러너처럼 트레일 러너도 평소 실력을 시험하기 위해, 또 긴장감 넘치는 독특한 분위기를 즐기기 위해 레이스에 참가한다. 레이스는 트레일 러닝을 평소 즐기고 단련하는 데 큰 동기 부여가 된다.

그럼 어떤 레이스를 선택해야 할까. 먼저 자신의 레벨과 기술, 경험 등을 고려해서 수준에 맞는 레이스를 목표로 삼는 것이 좋다. 레이스 종류는 매우 다양하다. 초보자도 참가할 수 있는 10km 레이스부터 제한 시간 이내에 완주해야 하는 산악 내구 레이스, 100km 장거리를 달리는 울트라 레이스까지 거리는 물론 레벨도 다양하다.

정신적으로 부담스럽지 않은 거리가 좋다

 레이스에 참가하기로 결심했다면 이제 거리를 선택해야 한다. 평소 트레이닝 수준을 고려해 '실제 경험해본 거리'나 몸 상태에 따라 '완주 가능한 거리'를 선택한다. 정신적으로 부담스럽지 않은 거리라면 안심하고 완주할 수 있다. 기분 좋게 완주했다면 다음에는 더 긴 거리에 도전하고 싶은 생각이 들 것이다.

트레일 러닝 레이스는 로드 레이스와 달리 거리 이외에 누적 표고차(레이스가 개최되는 코스의 오르막을 합계한 표고차)나 코스 상태, 날씨 등도 충분히 고려해야 한다. 레이스 종류에는 여러 가지가 있다. 제한 시간에 관문을 통과해야 하지만 코스가 완만한 레이스, 아침 일찍 출발해 여유롭게 도착할 수 있는 당일 레이스 등이 있다. 지방에서 개최하는 레이스에 참가한다면 숙박도 염두에 두어야 한다.

본인의 성향이나 기호를 기준으로 레이스를 선택하는 방법도 있다. 이때에는 가족이나 친구, 연인 등과 여행하는 기분을 낼 수 있는 레이스에 참가하거나 자연보호를 주제로 한 친환경 레이스, 인터넷이나 잡지, 동호회 등에서 평가가 좋은 레이스 등을 선별해 선택한다. 본인이 재미있거나 도전할 가치가 있다고 생각하는 레이스에 참가하면 된다.

레이스 전 연습법과 주의점 ①

레이스 참가 45일 전부터 2일 전까지

컨디션 조절에 실패하면 피로가 해소되지 않은 채 참가하게 된다

● 레이스 참가 45일 전부터 2주 전까지

여기서는 필자가 2011년 6월 25일에 미국에서 개최된 웨스턴 스테이츠 100마일 레이스에 맞춰 훈련한 내용을 소개하겠다.

레이스 참가 45일 전부터 2주 전까지는 본격적으로 해왔던 훈련을 서서히 종료하는 시기다. 이때는 어디까지나 컨디션 조절 시기임을 알아야 한다. 즉 훈련으로 축적된 피로를 이 시기에 서서히 줄여나가야 한다. 훈련이 지나치면 레이스 당일까지도 피로가 풀리지 않기 때문에 주의하자. 컨디션 조절을 위한 레이스에 참가하거나 완전히 휴식을 취하면서 마사지를 받는 등 몸과 마음이 상쾌해지도록 신경 쓰자.

컨디션 조절 레이스

5월 15일 트레일 레이스 41.3km
5월 21일 12시간 레이스 101km

막판 훈련

5월 10일 7시간 트레일 러닝 약 40km
5월 11일 5시간 트레일 러닝 약 30km

※ 2일 연속으로 달리기를 해서 장시간 러닝에 몸을 적응시킨다. 그다음 날은 러닝(약 2시간 : 23km)이나 가벼운 조깅 등으로 마무리한다. 조깅 후에는 전력 질주를 해서 훈련에 강약을 준다.

● 레이스 2주 전부터 1주 전까지

🏔 레이스 1주 전이라고 가정하고 연습한다. 예를 들어 레이스가 일요일이라면 일주일 전 일요일에 레이스 당일의 몸 상태를 만드는 훈련을 한다. 레이스 1주 전의 컨디션이 매우 중요하다. 하지만 실제로는 지금까지 훈련 경과에 비춰보아 컨디션이 완전하지 않았다.

2시간 달리기 23km
60분 달리기 10km

● 레이스 1주 전부터 2일 전까지

🏔 레이스 참가 전 일주일은 특히 중요하다. 지금까지 훈련으로 쌓인 피로를 해소하고 컨디션을 최상으로 만들어야 한다. 피로를 잘 없애면 좋은 결과로 이어진다. 가벼운 조깅과 속도 훈련, 휴식과 강약 조절 훈련을 통해 몸 상태를 최상으로 끌어 올리도록 하자. 이 시기는 많이 달리기보다는 오히려 많이 쉬는 것이 낫다. 레이스 참가 일주일 전은 그때의 몸 상태에 따라 최종적으로 몸을 점검하는 시기다. 일상생활이 규칙적이라면 문제없다. 충분히 자고 스트레스를 줄이는 것도 중요하다.

구체적인 훈련 내용

6월 12일(일) 트레일 러닝 레이스
                (훈련의 일환으로 참가. 전력의 60% 수준으로 달림)
    13일(월) 완전 휴식
    14일(화) 90분 조깅
    15일(수) 60분 조깅
    16일(목) 가벼운 조깅 + 100m×3회
    17일(금) 가벼운 조깅 + 100m×3회
    18일(토) 60분 조깅 + 1000m×3회 + 침구 마사지
    19일(일) 60분 조깅
    20일(월) 미국 출발, 시차 적응을 위해 저녁 도착,
                90분 조깅 + 짧은 질주
    21일(화) 120분 조깅 + 짧은 질주 100m×3회
    22일(수) 90분 조깅 + 짧은 질주 100m×5회
    23일(목) 60분 조깅 + 짧은 질주 100m×3회

※ 6월 25일(토)에 미국에서 개최된 웨스턴 스테이츠 100마일 레이스에 참가.

CHECK! 이미지 트레이닝과 평소 몸 관리

1. 평소 연습할 때부터 기분 좋게 달리는 자신의 모습을 상상하며 달린다.
2. 자기 전에 기분 좋은 자신의 모습을 떠올린다. 예를 들어 "레이스에서 이겼어!" "지금 컨디션이 최상이야!" "최고 기록이야!" 같은 말을 외치는 자신을 상상한다.
3. 연습 삼아 달릴 때는 코스를 머릿속으로 그려본다. 처음 경험하는 코스라면 지도를 읽으며 레이스를 상상해본다.
4. 만일의 사태를 상정해 사전에 대책을 마련해둔다. 라이트 배터리가 떨어지며? 신발 끈이 풀리면? 더 달릴 수 없는 상태가 되면? 등 여러 상황에 대비한다.
5. 연습이 힘들 때나 적당히 타협하고 싶을 때는 레이스에서 완주하지 못한 모습을 상상해본다.
6. 몸을 씻기 전에 스트레칭을 꼼꼼히 한다. 스트레칭 보드, 스트레칭 폴 등 전용 아이템을 활용하면 큰 도움이 된다.
7. 셀프 마사지를 한다.

레이스 전 연습법과 주의점 ②

레이스 전날과 레이스 당일

당황하지 말고 충분히 쉬고 몸 상태를 점검하자

● 레이스 전날

레이스에 처음 참가한다면 불안할지도 모르겠다. 하지만 레이스는 고통을 견디며 완주하는 것이 목적이 아니다. 평소 해온 트레이닝을 시험해본다는 생각으로 참가하자. 결과를 크게 의식하지 말고 레이스를 즐기면 된다.

레이스 전날에는 조깅처럼 부담스럽지 않은 수준의 훈련을 하거나 휴식을 완전히 취하자. 레이스에서 소지할 물품 정리도 전날 끝내자. 아무 생각 없이 충분히 수면을 취하는 것도 중요하다.

● 레이스 당일

사전에 조사해둔 개최지까지의 이동 시간과 레이스 출발 시각 등을 고려해 기상한다. 가능하다면 레이스 5시간 전에 기상하자. 다만 이른 시각에 출발해야 한다면 식사 시간에 맞춰 기상한다.

아침 식사는 늦어도 레이스 3시간 전에 마친다. 음식은 탄수화물만 섭취하고 천천히 잘 씹어 먹는 것이 중요하다. 소화가 잘 안 되는 딱딱한 음식은 삼가자.

대회장에는 늦어도 레이스 2시간 전에 도착하자. 레이스 1시간 전에는 젤이나 과즙음료만 먹고 딱딱한 음식은 먹지 않는다. 화장실 갈 시간이나 출발선까지 이동하는 시간도 고려해 조금씩 준비운동을 한다.

구체적인 예

3.5~5시간 전 : 기상 → 3시간 전 : 식사 종료 → 1.5시간 전 : 화장실, 준비운동 → 30분 전 : 복장 착용 및 출발 준비

1. 출발 직전 주의사항

- 흥분하지 말고 조용히 출발을 기다린다.
- 전신에 힘을 빼고 '탈력'을 의식한다.
- 출발선에 서면 눈을 감고 심호흡한다.

2. 출발 후 주의사항

- 출발 직후에는 주변 사람들의 페이스에 휘말리지 말고 '자신의 페이스'를 유지한다.
- 처음에는 여유를 가지고 의식적으로 마지막까지 일정한 페이스로 달린다는 생각을 하자.
  평소 자신의 페이스나 컨디션 변화를 잘 점검해두는 것이 중요하다.

3. 컨디션이 난조일 때

- 보급을 충실히 받으면 후반에 힘을 낼 수 있다.
- 목표가 될 만한 사람을 찾아 뒤따라가자. 목표가 생기면 힘을 낼 수 있다.
- 무슨 일이 일어날지 아무도 모른다. 마지막까지 포기하지 말고 즐겁게 달리자.

CHECK! 식사할 때 주의점

평소 식사는 특별히 신경 쓸 게 없다. 물론 균형 잡힌 식단을 준비해야 한다.

- 튀김은 가능한 한 피하고 폭식과 폭음을 하지 않는다.
- 일주일 전까지는 특별히 카보 로딩(carbo-loading)을 하지 않는다. 훈련량이 줄기 때문에 평소에 먹는 식단을 유지하면 자연히 카보 로딩이 이루어진다.
- 레이스 2일 전에는 다소 의식적으로 탄수화물을 많이 섭취한다.
- 보조제는 필요한 것만 매일 섭취한다.
- 훈련 직후에는 에너지 푸드를 섭취한다.
- 변비에 걸리지 않도록 대회 2일 전에는 반드시 '식이섬유+요구르트'를 먹는다. 사과를 껍질째 먹거나 고구마도 먹는다.
- 레이스 며칠 전부터 수분(2배로 희석한 스포츠 드링크 등)을 많이 섭취한다. 레이스 중 경련이 일어나는 것을 방지하기 위해 염분 섭취도 중요하다.

※ 카보 로딩이란 글리코겐을 생성하는 탄수화물을 체내에 다량으로 축적하는 식사법을 말한다. 보통 레이스 참가 전에 실시한다.

04 레이스 때 소지하는 배낭과 물품

최소한의 물품만 준비하자

레이스에 필요한 장비는
고기능, 경량, 소형이 최고다

레이스의 난이도, 날씨, 계절 등에 따라 다르지만 배낭에는 기본적으로 하이드레이션 팩, 행동식, 다양한 에너지 푸드와 보조제, 레인재킷, 응급처치 장비, 반다나(bandana)나 수건 등을 넣는다. 만약 야간 주행이 있다면 라이트 장비도 필요하다. 레이스 때 필요한 장비는 고기능에 가볍고 작은 것이 최고다.

CHECK! 고어텍스 소재 신발

고기능성 의류 소재로 자주 접할 수 있는 고어텍스(GORE-TEX)는 신발에도 사용된다. 고어텍스의 핵심 기술은 멤브레인(membrane)이라는 얇고 강인한 필름 모양의 방수 투습 소재에 있다. 고어텍스 멤브레인은 물의 침투를 막으면서도 땀을 배출해 쾌적한 상태를 유지한다. 고어텍스 멤브레인이 신발에도 적용되면서 비가 내리는 날도 신발이 젖지 않아 발을 쾌적하게 보호할 수 있게 되었다.

05 레이스 도중에 보급하는 법
중간 보급소는 미리 조사해둔다

물은 '목이 말라서'가 아니라 '목이 마르기 전에' 조금씩 마신다

보급소가 매우 충실히 마련된 레이스라면 배낭이 필요 없는 경우도 있다. 트레일 러닝은 소지하는 장비가 적으면 적을수록 편하다.

당연한 말이지만 보급소는 레이스 거리가 짧으면 적고, 길면 많다. 대부분 생수와 스포츠 드링크가 마련되어 있다. 간단한 식사를 제공하는 레이스도 있다. 보급소는 레이스 중 수분 보급뿐만 아니라 기분 전환을 위해 들르기도 한다.

물은 '목이 말라서'가 아니라 '목이 마르기 전에' 조금씩 섭취해야 효과적이다. 목마름을 느낀다는 것은 탈수가 시작되었다는 의미이므로 그때는 이미 늦다. 특히 여름철 레이스는 수분 공급이 매우 중요하다. 더운 날 수분 공급이 불충분하면 열사병이나 탈수증에 걸리기 쉽다. 마라톤 중계를 보면 선수들이 머리나 다리를 물로 적시는 장면을 볼 수 있는데 몸을 식히는 방법 중에 하나다. 트레일 러닝 코스에 하천이 있어서 뛰어들 수 있다면 이보다 기분 좋은 일은 없을 것이다.

POINT!
필자가 미국 레이스에 참가했을 때는 휴대용 된장국을 물에 녹여서 마셨다. 염분과 미네랄, 아미노산이 풍부해서 레이스에 도움을 준다.

06 산에서 주의할 점과 대처법

사고가 발생하면 스스로 대처할 수 있어야 한다

무슨 일이 생길지 모르는 산속이므로 최소한의 지식을 겸비하자

● 말벌을 만났을 때

벌은 절대 자극해서는 안 된다. 손으로 벌을 쫓거나 당황해서 도망가면 공격당할 수 있다. 천천히 후퇴하면서 그 자리를 벗어나는 것이 최상이다. 벌집에서 멀어지면 더는 쫓아오지 않는다.

운이 나쁘게 공격을 받는다면 전력으로 도망치자. 그 자리에 계속 있으면 계속 쏘일 뿐이다. 그리고 검은 옷은 피하는 것이 좋다.

만약 레이스 중에 벌에 쏘이면 가까운 대회 운영 스텝에게 연락한다. 만약 스텝이 멀리 떨어져 있다면 다른 러너에게 부탁해서 스텝에게 도움을 요청하도록 하자. 만약 휴대폰을 사용할 수 있다면 대회 운영 본부에 직접 전화하거나 지인을 통해서 연락하도록 하자.

● 다리 경련

다리에 경련이 생기는 원인에는 몇 가지가 있는데, 원인에 따라 대처법이 매우 다르다. 더위로 땀을 많이 흘려 체내에 수분이나 전해질이 부족해서 생기는 경련이라면 수분과 염분(전해질)을 충분히 섭취해야 한다.

추위로 근육이 차가워져서 경련이 생기기도 한다. 수영할 때 다리가 당기는 현상이 여기에 해당한다. 산에서 땀이나 비로 몸이 젖었을 때 바람으로 몸을 식히면 발생할 수 있다. 재킷 같은 옷을 입고 몸이 차가워지지 않도록 한다.

대개는 근력 부족으로 경련이 일어난다. 이때는 스트레칭이 효과적이다. 전신을 이완하고 심호흡을 하면서, 경련이 일어나는 부위의 근육을 천천히 펴면서 통증이 생기기 바로 직전에 멈춰 그대로 유지한다. 그러면 경련이 완화된다.

● 더는 달릴 수 없는 상태가 되면?

히팅 더 월(hitting the wall)이란 혈당이 부족한 상태를 말한다. 갑자기 힘이 빠져 몸에 힘을 줄 수 없다. 이런 상태에 빠지지 않기 위해서는 공복감이 없더라도 조금씩 영양 보충을 해줘야 한다. 당분이 바닥난 뒤에 보충하면 이미 늦다. 그래서 에너지 푸드를 가지고 다니는 것이 좋다.

● 위험한 고산병

🏔 고산 지역에서 트레일 러닝을 할 경우에는 고산병에 주의해야 한다. 체질적으로 고산병에 강한 사람도 있지만, 수면 부족이나 피로 때문에 컨디션이 나빠지면 누구나 고산병에 걸릴 수 있다. 어지럼이나 두통, 구토나 부기 등의 증상을 보인다면 고산병을 의심해보자. 고산병에 걸리지 않기 위해서는 컨디션 조절에 신경 써야 하며 천천히 걷는 것이 좋다. 틈틈이 수분을 섭취하고 대피소를 이용하면서 옅어진 공기에 익숙해져야 한다.

고산병에 걸리면 천천히 휴식을 취하고 수분을 충분히 섭취하자. 증상이 호전되지 않는다면 트레일 러닝을 멈추고 하산해야 한다. 낮은 곳으로 내려오면 바로 증상이 좋아지기 때문이다. 고산병에 걸리면 두통이나 구토만 일어나지 않는다. 심각한 경우, 목숨도 잃을 수 있기 때문에 만만히 봐서는 안 된다.

● 복통

🏔 달릴 때는 진동이 발생해 몸이 떨린다. 이때 몸속 내장 전체가 크게 흔들리기 때문에 대장에 있는 가스가 위로 상승한다. 대장이 꺾이는 부분에 가스가 차기 쉬운데, 이 가스 덩어리가 주위 신경을 자극해 복통이 생긴다. 만약 복통이 생긴다면 잠시 페이스를 늦추고 달린다. 그러면 가스가 분산돼 통증이 사라진다. 통증을 참고 달리는 것보다 과감하게 페이스를 늦추는 것이 좋다. 증상이 호전되지 않으면 휴식을 취하면서 심호흡을 하거나 옆구리를 몇 번 강하게 눌러보자. 뛰는 도중에 복통이 생기는 사람은 에너지 푸드처럼 가스가 차지 않는 음식을 틈틈이 먹으면 도움이 된다.

● 열사병에 걸리면?

🏔 열사병은 일상생활 중에도 걸릴 수 있지만 날씨가 더운 날 운동을 할 때 특히 많이 걸린다. 무기력, 근육 경련, 두통, 어지럼 등 비교적 가벼운 증상부터 두근거림, 의식 장애 등 위중한 증상까지 다양하다. 열사병 증상이 나타나면 햇볕이 들지 않고 서늘하며 바람이 잘 통하는 곳에 누워 쉬거나 몸을 식히고 수분을 보급한다.

몸을 조이는 의류는 가능한 한 벗고 편안한 자세로 안정을 취하면서 젖은 수건으로 몸을 닦아서 열기를 식힌다. 겨드랑이나 가랑이 사이 등 동맥이 흐르는 부근을 얼음으로 식히면 좋다.

근처에 열사병 증상을 보이는 사람이 있다면 이름을 부르거나 어깨를 두드려 반드시 의식을 확인하자. 반응이 없거나 응답이 늦고 말이 어눌하다면 최대한 빨리 의사의 진단을 받는 것이 좋다.

● 해가 지면?

▲▲▲ 밤에 달려야 하는 레이스가 아니라면, 해가 졌을 때는 이미 귀가할 시기다. 만약 뜻하지 않게 시간이 걸려 하산 중에 해가 지면 어떻게 해야 할까? 하산 루트를 파악한 상태고, 휴대용 라이트나 헤드램프를 소지하고 있다면 이 장비들을 이용해 바로 하산하자. 이런 대처가 불가능하다면 움직임을 최소화해서 체력을 아끼고, 비나 밤이슬을 피할 수 있는 나무 그늘 또는 바위틈에서 밤을 보내야 한다. 다만 산에서 밤을 보내는 일은 매우 위험하므로 애초에 해가 지는 시간을 잘 파악해서 여유를 갖고 계획을 짜는 것이 중요하다.

● 밧줄이 설치된 곳

▲▲▲ 오르막에 밧줄이 설치되어 있는 곳이 있다. 등산객의 편의를 위한 것으로 추락할 가능성이 있는 급사면에서는 밧줄을 반드시 잡고, 혹시 모를 추락에 대비해야 한다. 밧줄을 잡고 있으면 발이 미끄러져도 추락을 방지할 수 있다. 추락 위험이 적은 비탈면에서는 팔 힘을 이용해 다리의 피로를 줄이는 주법으로 오르면 좋다. 이 기술은 팔 힘과 경험이 필요하다.

● 경로 찾기

▲▲▲ 경사가 급한 등산로는 길이 지그재그인 경우가 많다. 이때 길을 가로질러 바로 오르는 것이 거리도 단축되고 편할 것 같지만 매우 잘못된 생각이다. 오르막을 한 번에 오르면 체력 소모가 클 뿐만 아니라 페이스가 흔들려 오히려 시간이 더 걸릴 수 있다. 경험이 많은 사람일수록 불필요한 체력 소모가 없는 경로를 순간적으로 판단한다. 멀리 돌아가더라도 페이스를 잃지 않고 오를 수 있는 경로를 선택하자.

● 걸으며 올라갈 때의 호흡법

최대한 많은 산소를 마시기 위해 천천히 그리고 깊게 호흡을 하며 오른다. 힘들면 마음을 안정시키고 크게 심호흡을 한다. 이때 헉헉거리며 호흡을 하는 것이 아니라 일단 모든 공기를 뱉어내는 것이 중요하다. 더 나올 공기가 없을 때까지 뱉어낸 뒤에 다시 한번 더 짜내서 뱉어낸다. 이렇게 하면 자연스럽게 공기가 폐로 들어간다. 지나치게 헉헉거리면 오히려 공기가 폐로 잘 들어가지 않는다.

● 표식 확인

안내 표식이 있는 분기점은 반드시 멈춰서 확인하자. 익숙한 트레일이라면 달리면서 확인하자. 경로를 살피는 일은 중요한 정보가 된다. 트레일 맵과 대조하면서 확인하면 보다 정확한 정보를 얻을 수 있다.

● 쉬는 법

쉬는 시간은 사람에 따라 다르지만 지치기 전에 쉬는 게 기본이다. 무리해서 계속 달리다가 지친 후에 쉬면 피로가 해소되지 않기 때문이다. 자신의 체력에 맞춰 쉬어야 한다. 쉴 때는 다른 등산객에 피해를 주지 않도록 길을 터준다.

의미 없이 천천히 걸으며 쉬는 것보다는 목표를 정해서 달리고, 목표 지점에 도착하면 휴식을 취한다. 이러면 페이스의 강약 조절이 가능해져 레이스를 진행하는 속도가 빨라진다. 목표 지점을 설정하면 느리지만 전진할 수 있다.

● 수건, 반다나 등 지참

수건이나 반다나 등을 지참하면 운동을 할 때 땀을 닦거나 염좌나 골절이 일어났을 때 붕대 대용으로 활용할 수 있다.

하산 후에는
발 마사지를 해보자

하산 후에 발바닥을 문지르면 발의 피로가 풀릴 뿐만 아니라 혈류가 좋아져 전반적인 피로 해소에 효과적이다. 발바닥에는 소화계나 신장, 간 등 인체의 각종 기관과 이어진 반사구가 있기 때문에 마사지를 하면 발의 피로를 풀어줄 뿐만 아니라 인체의 자연 치유력이 높아진다. 이 덕분에 온몸에 쌓인 피로를 없애는 데도 좋다. 입욕 후 몸을 데운 후 실시하면 더욱 효과적이다.

1. 발바닥에 선 긋기

① 엄지발가락 아래 부분에서 발뒤꿈치 방향으로 선을 그리며 누른다.
② 가운데 발가락 아래 부분에서 발뒤꿈치 방향으로 선을 그리며 누른다.
③ 새끼발가락 아래 부분에서 발뒤꿈치 방향으로 선을 그리며 누른다. 다소 기분 좋은 통증을 느낄 수 있는 수준으로 각각 5회 실시한다.

2. 발 반사구

• 발가락 아래 부분이 어깨에 해당하는 반사구다. 꼼꼼히 문지르자.
• 발뒤꿈치 전체가 허리에 해당하는 반사구다. 발뒤꿈치 전체를 꼼꼼히 꾹꾹 누르자.

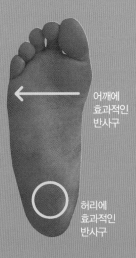

어깨에 효과적인 반사구

허리에 효과적인 반사구

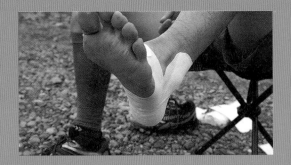

POINT!

테이핑도 효과가 높지만 여기에 발 지압 마사지를 더하면 피로 해소가 촉진된다. 지압봉을 사용해 발바닥에 핸드크림이나 베이비오일을 바르면서 누르면 정말 기분 좋게 피로를 풀 수 있다.

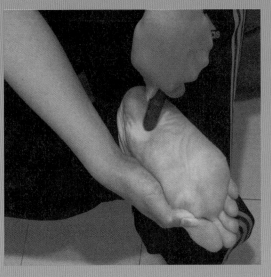

CHAPTER 07

용품에 대한 기초 지식

트레일 러닝을 즐기기 위한 최적의 용품 선택

트레일 러닝용 신발

용도에 따라 선택한다

트레일 러닝용 신발을 착용하면 달리는 것이 더 즐겁다

포장도로와 달리 트레일은 노면 상태가 매우 다양하다. 자갈이나 돌길, 미끄러운 경사길, 나무 뿌리가 불거진 길이 있다. 또 급한 오르막이 있는가 하면 급한 내리막이 있고, 나무로 보강한 길이나 다리도 있다. 이런 길들을 넘어지지 않고 달리려면 일단 신발 밑창이 잘 미끄러지지 않아야 하고 발목을 잘 받쳐주는 형태여야 한다. 지면이 불안정하고 나무 뿌리나 돌이 불거진 곳을 달려야 하기 때문에 외부 충격에서 발을 보호할 수 있어야 하며 가벼우면 더 좋다.

충격이나 다양한 지면에 대응하고, 발을 보호하면서 쾌적하게 달리기 위해서는 다소 밑창이 단단해야 좋다. 특히 처음 트레일 러닝용 신발을 구매하는 사람은 일반 로드용 신발처럼 가볍고 밑창이 얇아 잘 굽어지는 모델을 선택하기 쉽지만, 밑창이 튼튼한 신발이 충격에 강하고 부상도 막아준다.

발 모양은 사람마다 천차만별이다. 신발을 고를 때는 여유 있게 다양한 종류의 신발을 신어보고 선택하는 것이 중요하다. 같은 운동화라도 달리는 곳과 용도에 따라 매우 다양한 모델이 존재한다.

● 신발 끈을 올바르게 매는 방법

1. 발뒤꿈치를 신발 뒤에 밀착하고 설포(갑피에 붙은 부분으로 혀와 같은 생김새를 하고 있음)를 당긴다. 신발 끈은 발끝 부분부터 하나씩 손가락으로 당긴다. 이때 발끝을 움직이거나 발목을 앞뒤로 움직이며 착용감을 확인하자.

2. 일반적인 리본 모양으로 신발 끈을 묶는다. 묶기 전에 발이 신발에 잘 맞는지 확인하자.

4. 매듭이 나뭇가지 등에 걸리지 않게 매듭을 신발 끈의 X자 부분 상단에 집어넣는다.

3. 달릴 때 끈이 풀리지 않도록 리본 모양의 끈을 잡고 한 번 더 묶는다.

5. 올바르게 맸다면 신발 끈이 들어간 구멍이 일직선을 이룬다. 오른쪽 사진처럼 벌어져 보인다면 잘못 묶은 것이다.

CHECK! 신발은 꼼꼼히 세탁해야 하며 특히 깔창 아래에 있는 작은 돌을 제거한다

신발은 구석구석 꼼꼼히 세탁한다. 신발을 오랫동안 세탁하지 않는 사람이 많은데 그러면 안 된다. 트레일 러닝은 포장도로를 달리는 것이 아니라 산길을 달리기 때문에 작은 돌이나 모래, 흙, 작은 나뭇가지 등이 신발 속으로 반드시 들어가기 마련이다. 신발을 세탁할 때는 깔창을 제거해서 깔창 구멍에 낀 먼지까지도 깔끔하게 씻어낸다. 운동 후에 운동복을 세탁하듯 신발도 운동 후에 반드시 세탁하도록 하자.

02 트레일 러닝용 배낭

가볍고 작아야 한다

수분 섭취를 편리하게 해주는 기능성 배낭

트레일 러닝은 산속을 달리는 스포츠다. 따라서 최소한의 물과 식량, 의류 등을 지참하는 것이 기본이다. 코스나 거리에 따라 배낭 크기도 다소 다른데, 전용 배낭은 가볍고 작으며 산길을 달려도 거추장스럽지 않아야 한다. 등이 닿는 부분은 땀이 차지 않는 메시 소재가 좋다. 크기는 3L부터 20L 정도가 사용하기 편리하다.

최근에는 하이드레이션 팩을 장착할 수 있는 기능성 배낭을 많이 사용한다. 단거리라면 소형 물통이 들어가는 힙색 타입이나 보온, 방풍용 의류가 들어가는 배낭이면 충분하지만, 앞으로 다양한 레이스에 참가할 생각이라면 처음부터 하이드레이션 팩이 들어가는 배낭을 고르는 것이 좋다. 하이드레이션 팩을 구입할 때는 배낭의 형태나 용량에 따라 장착이 어려운 경우도 있으니 자신이 사용하는 배낭과 잘 맞는 형태인지 고려한다.

CHECK! 하이드레이션 팩을 수납할 수 있는 배낭

목이 마르기 전에 수분을 조금씩 섭취하기 위해서는 하이드레이션 팩이 필수다. 물통이나 페트병으로 물을 마셔도 상관없지만 배낭에서 꺼낼 때 매우 번거롭기 때문에 수분 섭취를 게을리하는 경우가 많다. 페트병이나 물통은 부피가 크고, 물이 비거나 가득 차 있지 않으면 달릴 때 덜렁인다는 단점이 있다. 하이드레이션 팩이 없다면 페트병이나 물통 형태가 아닌 스포츠 젤리 음료에 사용하는 용기 형태를 소지하는 것이 좋다. 최근에는 하이드레이션 팩도 점차 발전하고 있다. 물이 새지 않게 밀폐성을 높인 제품, 잔량을 확인할 수 있는 제품 등 편리한 기술이 적용된 모델도 많이 출시되었다.

03 트레일 러닝용 의류
기온이나 날씨 변화에 대응해야 한다

거친 자연을 달리므로 신뢰성 높은
고기능 의류를 선택하자

▲▲▲ 트레일 러닝은 산길을 달린다. 달릴 때 기온이나 날씨 변화를 크게 겪기 때문에 만반의 준비를 해야 한다. 물기를 흡수하고 신속히 건조되는 소재의 셔츠나 타이즈에 투습성이 뛰어난 경량 재킷을 겹쳐 입어 더위와 추위에 대비하자. 최근에는 매우 가볍고 신축성이나 발수성, 방풍성이 뛰어난 제품이 많다. 장시간 비나 추위가 예상된다면 반드시 기온 변화나 비와 바람에 강한 의류를 준비하자. 추운 계절이나 기온 변화가 급격한 날이라면 다운재킷 같은 방한용 의류를 배낭에 지참하면 좋다.

● 양말

▲▲▲ 양말은 울 혼방 소재로 된 트레일 러닝 전용이 좋다. 특히 메리노 울 혼방 소재에 주목할 필요가 있다. 일반 울에 비해 섬유가 길고 가늘기 때문에 부드럽다. 이 덕분에 신었을 때 기분이 좋다. 또한 화학 섬유 소재의 양말에 비해 땀이 잘 차지 않는다. 발의 습기를 섬유가 흡수해서 천천히 증발시키기 때문에 신발에 땀이 차더라도 발이 축축해지지 않는다.

양말 사이즈는 너무 크면 주름이 생겨 마찰로 상처가 생길 수 있다. 또 너무 작으면 피가 잘 통하지 않기 때문에 다 같은 양말이라고 생각하지 말고 꼼꼼히 점검해야 한다. 트레일 러닝용 신발을 살 때 전용 양말을 함께 사는 것도 좋은 방법이다.

● 러닝셔츠 · 팬츠 · 타이즈

▲▲▲ 면 소재 의류나 속옷은 땀을 흡수해도 잘 마르지 않고 젖은 채로 오래 유지된다. 누구나 더운 여름철에 땀으로 셔츠나 속옷이 몸에 달라붙는 불쾌한 경험을 해봤을 것이다.

이에 비해 트레일 러닝용 셔츠나 팬츠, 타이즈라면 이런 불쾌감이 생기지 않도록 땀을 효과적으로 흡수해서 발산하기 때문에 항상 마른 상태를 유지해서 기분 좋은 착용감을 제공한다. 속건성 소재, 보온 소재, 항균 소재, 신축 소재 등을 혼합해 사용해서 쾌적함을 극대화한다.

● 아웃웨어

▲▲▲ 일반적으로 표고가 100m 높아지면 기온이 0.6℃ 떨어진다. 그리고 바람이 불면 초속 1m당 체감 온도는 약 1℃ 떨어진다. 게다가 비에 젖었다면 불쾌할 뿐만 아니라 체온이 크게 떨어져 피로가 축적되고 판단력이 저하된다. 이 때문에 날씨 변화에 대응하도록 아웃웨어(레인재킷이나 윈드재킷)을 준비해야 한다.

자연 속에서 몸이 젖지 않고 쾌적함을 유지하는 일은 매우 중요하다. 그래서 방수, 방풍, 투습성이 우수한 고어텍스 같은 고기능 의류 소재가 주목받고 있다. 믿을 수 있는 고기능 소재가 사용된 의류를 선택하는 것이 좋다.

레인재킷

윈드재킷

● 캡 · 바이저

모자는 매우 중요한 아이템이며 트레일 러닝용으로는 2가지 유형이 있다. 바로 캡(cap)과 바이저(visor)다. 캡은 넘어질 때 머리를 보호한다. 바이저는 햇볕을 막고 통풍이 우수하다. 피부가 닿는 면의 소재는 촉감이 좋아야 하며, 주행 중에 흘러내리지 않도록 크기 조절이 편리한 제품이 좋다.

밸크로로 미세한 크기 조절이 가능한 유형과 스트랩으로 조절하는 유형이 있는데, 쾌적한 러닝을 위해서는 실제 착용해보고 본인에게 편하게 느껴지는 제품을 선택하자. 크기 조절이 어려우면 머리카락이 흘러내리는 등 거추장스러운 일이 생긴다. 최근에는 발수성이 우수한 소재가 사용된 반다나도 인기가 높아졌다. 패션 감각이 뛰어난 러너라면 도전해볼 만하다.

● 글로브 · 암 워머

글로브는 방한용으로 쓰이며 트레일에서 손을 보호하는 역할도 한다. 소재는 보온성을 갖추고 빨리 건조되는 화학 섬유나 울 소재가 좋다. 또한 투습 기능이 있다면 더욱 좋겠다. 암 워머는 추운 시기에 큰 도움을 준다.

● 세컨드 레이어는 추위와 더위에 대비하는 아이템

추운 계절이나 기온 변화가 예상되는 시기에 트레일 러닝을 한다면 세컨드 레이어를 지참하자. 세컨드 레이어를 입거나 벗는 것으로 체온을 조절할 수 있다.

면 소재의 세컨드 레이어는 땀을 흡수해서 머금고 있기 때문에 고기능 소재가 좋다. 경량이고 움직이기 편하며 아웃웨어로도 손색없는 보온성을 갖춘 제품을 선택하자.

지금까지 세컨드 레이어는 플리스(fleece) 소재가 주류였지만 요즘은 플리스 이외에도 가볍고 속건성인 소재로 만든 제품도 판매되고 있으니 '플리스는 부피가 커서 배낭에 넣기에 불편하다.'라고 생각하는 사람은 목적에 따라 선택하면 된다. 대표적인 소재로

는 고어텍스사가 제조한 윈드 스토퍼를 들 수 있다. 방풍 및 투습이 우수한 소재로 보온성도 우수하다. 이런 하이테크 신기술이 적용된 제품이 많이 시중에 나와 있다.

플리스를 계승할 세컨드 레이어로 주목받고 있는 것이 경량 다운재킷이다. 플리스보다 가볍고 소형이라서 수납이 편하다. 이 때문에 어떤 상황에서도 대처할 수 있다. 바람에 강해 아우터로도 손색없다.

경량 다운재킷은 쉴 때 또는 온도가 급격히 떨어질 때 체온을 유지할 목적으로 착용하면 좋다. 평소에도 입을 수 있어 일반인에게도 인기가 높다. 각 제조사에서 다양한 모델이 출시되어 있으니 사용 목적에 맞춰 선택하자.

04 보조 의류

1벌만 착용해도 큰 효과를 볼 수 있다

고기능 보조 의류의 효과는 확실하다

최근 주목받고 있는 의류 중에 추천하고 싶은 것은 보조 의류다. 혈류를 촉진해주는 유형, 체온 상승을 억제하여 체온을 조절해주는 유형 등 용도에 따라 다양한 종류의 보조 의류가 판매되고 있다.

이런 의류는 단 1벌만으로도 놀라운 효과를 경험해볼 수 있다. 대부분의 스포츠에서 인정받고 있으니 한번 착용해서 효과를 체험해보자. 요즘에는 디자인도 좋아 셔츠나 팬츠 아래에 착용해도 위화감이 없어 패션 아이템으로도 각광받고 있다.

POINT!

기본적으로 상반신과 하반신을 보조해주는 모델이 주류지만 최근에는 종아리, 팔 등 각 부위를 보조해주는 모델도 인기다. 강화가 필요한 부위나 계절에 맞춰 선택하자.

자외선이 강한 산에서는 피부 보호가 필수

우리 몸에 나쁜 영향을 주는 자외선 중에 특히 UVB는 피부나 눈에 유해하며 피부를 검게 태우고, 피부암을 비롯한 각종 피부병의 원인이 되기도 한다.

기미와 주름도 자외선 때문에 생긴다. 자외선에 오래 노출되면 일부 색소 세포가 멜라닌을 생성해 피부에 검은 점이 생기는데 이것이 바로 기미다. 몇 년씩 피부가 강한 햇볕에 노출되면 탄력을 잃고 주름이 생긴다.

다만 멜라닌 자체는 인체에 필요한 성분으로 자외선을 흡수하거나 산란시켜 피부에 미치는 영향을 최소화해주는 기능을 한다. 멜라닌은 세포의 DNA를 자외선으로부터 보호하지만 만약 DNA가 보호되지 않으면 DNA 정보가 파괴되어 세월이 많이 흐른 뒤에 돌연변이가 생긴다고 한다. 멜라닌이 나쁜 것이 아니라 자외선에 피부를 오랫동안 노출하는 것이 위험한 일이다.

자외선은 지구 온난화와 달리 직접적으로 주변 환경에 영향을 주지는 않지만 자외선이 인체에 주는 영향은 절대 적지 않다. 건강을 유지하며 트레일 러닝을 즐기기 위해서는 가능한 한 피부가 자외선에 직접 노출되지 않도록 주의해야 한다.

05 액세서리

헤드램프, 시계, 폴, 스패츠

액세서리지만 모두가 필수품

● 헤드램프

▲▲▲ 출발 시각이 해가 뜨기 전이거나 야간 러닝이 계획되어 있다면 헤드램프가 유용하다. 손전등도 좋지만 몸에 고정하는 헤드램프를 추천한다. 이런 헤드램프를 사용하면 양손이 자유롭다.

대피소에서 숙박한다면 어두운 실내에서 물건을 정리할 때도 헤드램프가 편리하다. 당일 트레일 러닝이라도 소형 헤드램프를 준비하면 예상치 못한 일로 저녁때까지 하산하지 못하더라도 안심이다.

헤드램프는 작고 가벼운 것이 주류다. 하지만 너무 작으면 보통 광량이 부족하기 때문에 밝기와 크기를 잘 고려해 선택하자. 최근에는 배터리 효율이 좋아 오랫동안 켜둘 수 있는 LED가 인기다.

멀리까지 비출 수 있는 할로겐전구를 사용한 모델도 있지만 광량이 강한 만큼 배터리 소모도 크다. 이런 이유로 소지해야 할 배터리가 많아지면 휴대가 불편하다.

● 시계

▲▲▲ 트레일 러닝에서 사용하는 러닝 전용 손목시계는 트레이닝 기능을 비롯해 시계, 기압계, 나침반, 고도계, GPS 등 다양한 첨단기능이 탑재되어 있다. 달릴 때 필요한 정보를 손목시계로 수시로 확인할 수 있기 때문에 달리기를 안전하게 즐길 수 있다.

시계는 뛰면서 조작이 편리하고 간단한 것이 좋다. 필요한 정보가 얼마나 빨리 표시되는지도 중요하다. 요즘에는 스포츠 활동에 적합한 스마트 워치도 많으니 참고하자.

● 폴

🏔 장거리 트레일에서는 몸의 균형이 흐트러지기 쉽기 때문에 폴을 사용하면 넘어지는 일을 줄일 수 있다. 폴을 사용하면 상체가 흔들리지 않기 때문에 걷기 편하고, 다리와 허리에 가해지는 부담이 경감된다. 오르막과 내리막이 심하지 않고 거리가 긴 트레일에서 요긴하게 사용할 수 있다.

폴을 사용하면 무릎에 실리는 체중이 팔로 분산되기 때문에 특히 무릎이 약한 사람에게 추천한다. 체력에 자신이 없는 사람도 폴을 사용하는 것이 좋다. 폴은 통상 2개를 동시에 사용하며 그립감이 좋고 추진력을 받기 용이한 제품이 좋다.

트레일에는 보통 오르막과 내리막이 있기 때문에 익숙해지기까지는 길이 조절이 가능한 제품을 선택한다. 카본처럼 초경량 소재로 만든 제품이나 지면 충격을 흡수하는 기능이 탑재된 제품도 있으니 참고하자.

● 스패츠

🏔 스패츠는 반드시 필요한 액세서리는 아니지만 있으면 편리하다. 트레일을 달리다 보면 긴 자갈길을 만나거나 질척거리는 땅을 지나야 하는 경우도 있기 때문에 스패츠로 발목 부분을 감싸면 신발 속으로 작은 돌이나 이물질이 들어오는 것을 막을 수 있다. 비 오는 날 흙탕물로부터 신발이나 양말, 타이즈 등이 젖고 더러워지는 일도 막을 수 있다. 스패츠 소재는 나일론이 많고, 쉽게 붙였다 뗄 수 있도록 지퍼가 달려 있는 것이 주류다. 길이는 긴 것보다는 짧거나 중간 길이가 적당하다.

더욱 즐거운
트레일 러닝을 위해

산속을 달리는 트레일 러닝. 모처럼 산에 왔는데 뛰기만 한다면 아쉬운 일이다. 달리기를 즐기는 가운데 주변의 자연에도 흥미를 가져보면 어떨까. '이 나무의 이름은 뭘까?' '이 꽃의 이름은 뭘까?' '이 벌레의 이름은 뭘까?' 이런 호기심 어린 시선으로 주변을 둘러보자. 여러 동식물과 자연을 카메라로 찍어서 나중에 찾아보는 것도 산속을 달리는 재미 중 하나다.

귀를 기울여보자. 여기저기서 지저귀는 새소리를 들을 수 있다. 지척에서 휘파람새가 지저귀고 여름철에는 뻐꾸기가 지저귄다. 운이 좋으면 올빼미 울음소리도 들을 수 있다. 계절에 따라 다양한 새소리가 들린다. 혹시 딱따구리가 나무를 쪼는 소리가 들리면 주위의 나무를 살펴보자. 분명 딱따구리가 파놓은 구멍을 발견할 수 있다.

이른 아침 트레일을 지나면 야생동물을 만날 수도 있다. 노루나 멧돼지와 우연히 마주치는 일도 있다. 여름철에 졸참나무, 상수리나무, 물참나무가 자라는 숲을 달릴 때는 수액이 나오는 나무도 있다. 분명 장수풍뎅이를 찾을 수 있을 것이다.

가을에는 도토리나 밤이 지천에 떨어져 있다. 다만 가을에는 말벌을 주의해야 한다. 무심하게 지나치지 말고 자연에 흥미를 가지면 트레일 러닝의 매력에 더욱더 빠질 것이다. 트레일 러닝이 즐거워지면 몸은 지쳐도 분명 힘이 날 것이다. 이것이 바로 자연의 힘이다. 이런 경험을 통해 산속에서 마주하는 자연이 한층 사랑스러워진다. 당신은 트레일 러닝에 사로잡히고 말 것이다.

국내 주요 트레일 러닝 대회

● 제주 국제 트레일 러닝

대회 소개 : 유네스코 세계자연유산으로 선정된 제주에서 개최하는 트레일 러닝 대회. 국내 최초의 스테이지 레이스를 진행한 것으로 유명하며, 러너들은 제주의 다양한 풍광을 만끽하며 달릴 수 있다. 2011년부터 시작된 이 대회는 현재 20개국에서 매년 1,000여 명이 참가하며 국내 최대 규모를 자랑한다. 우리나라를 대표하는 트레일 러닝 대회로 손꼽힌다.

코스 종류 : 100K Stage 01, 100K Stage 02, 100K Stage 03, 70K Stage 01, 70K Stage 02, 36K, 10K, 5K

문의 연락처 : 에이플랜 064-787-7012

대회 홈페이지 : www.jejutrail.com

● KOREA 50K 국제 트레일 러닝

대회 소개 : 2019년 현재, 5회째를 맞이한 트레일 러닝 대회로 동두천시와 문화체육관광부의 후원으로 진행되고 있다. 동두천 일대에서 대회가 진행되며 2019년 대회는 왕방산 주변에 마련한 코스를 달린다. 트레일 러닝화로 유명한 아웃도어 브랜드 컬럼비아가 후원한다.

코스 종류 : 80K, 50K, 25K, 10K

문의 연락처 : ㈜제이쎄노 02-6365-2003

대회 홈페이지 : www.korea50k.com

● TNF100 KOREA

대회 소개 : 아웃도어 브랜드로 유명한 노스페이스에서 개최하는 대회다. 2008년부터 시작된 국제 대회이며 한국에서는 2016년부터 시작되었다. 새로운 탐험과 도전이라는 노스페이스의 정신을 상징하는 논스톱 100Km 트레일 러닝 레이스다.

코스 종류 : 100K, 50K, 10K

문의 연락처 : 운영사무국 02-543-0971

대회 홈페이지 : www.tnf100korea.com

● 하이원 스카이 러닝

대회 소개 : 강원도 정선군에 위치한 하이원 리조트에서 개최한다. 백두대간이 펼쳐진 트레일 코스이며 1박 2일의 대회 일정 중에 트레일 러닝 아카데미, 요가 클래스 등 다양한 프로그램을 진행한다.

코스 종류 : 42K, 20K, 12K

문의 연락처 : 굿러너컴퍼니 02-6463-0430

대회 홈페이지 : www.high1skyrunning.com

● KOREA JUNGLE TRAIL

대회 소개 : 어드벤처 트레일 러닝을 표방하는 대회로, 2019년 대회는 강원도 인제군 상남면 일대에서 펼쳐진다. 인제의 아름다운 산과 계곡을 달리는 한국형 정글 트레일 대회.

코스 종류 : 20K

문의 연락처 : OSK 아웃도어스포츠코리아 070-8239-8815

대회 홈페이지 : outdoorsports.kr/kor/main/

● 바다로세계로 40K

대회 소개 : MBC경남이 주최하고 거제시와 거제시체육회가 후원하며 거제지맥 100K 추진회인 Team-UTGJ가 주관한다. 2019년 대회는 거제시 고현 운동장과 와현 해수욕장이 출발점과 도착점이다.

코스 종류 : 40K, 12K

대회 홈페이지 : cafe.naver.com/gjgmaek/1640

● 거제지맥 100K

대회 소개 : 거제도 일대를 달리는 트레일 러닝 대회로 거제도의 지형적 특성을 체감할 수 있는 코스로 이루어졌다. 트레일이 거칠고 업-다운 코스가 이어지는 것이 특징이다. 훈련이 부족한 선수에게는 힘든 대회지만 그만큼 성취감이 크다.

코스 종류 : 100K, 50K, 25K, 13K

대회 홈페이지 : www.utgj.kr

● Trans Jeju 울트라 트레일

대회 소개 : 제주도에서 펼쳐지는 울트라 트레일 레이스. 한라산 국립공원 일대가 주요 코스다. 한라산과 여러 숲의 다양한 풍경을 즐길 수 있으며 UTMB(울트라 트레일 몽블랑) 대회에서 인증한 코스이기도 하다.

코스 종류 : 110K, 50K, 10K

문의 연락처 : 에이플랜 064-787-7012

대회 홈페이지 : www.transjeju.com

옮긴이 신찬

인제대학교 국어국문학과를 졸업하고, 한림대학교 국제대학원 지역연구학과에서 일본학을 전공하며 일본 가나자와 국립대학 법학연구과 대학원에서 교환 학생으로 유학했다. 일본 현지에서 한류를 비롯한 한·일간의 다양한 비즈니스를 오랫동안 체험하면서 번역의 중요성과 그 매력을 깨닫게 되었다고 한다. 현재 번역에 이전시 엔터스코리아에서 출판 기획 및 일본어 전문 번역가로 활동 중이다.
역서로는《기상 구조 교과서》《자동차 운전 교과서》《미사일 구조 교과서》《어라 수학이 이렇게 재미있었나》《생명의 신비를 푸는 게놈》등 다수가 있다.

트레일 러닝 교과서
100K 오프로드를 즐기면서 부상 없이 완주하는 달리기 기술과 훈련

1판 1쇄 펴낸 날 2019년 6월 12일

지은이 | 오쿠노미야 슌스케
옮긴이 | 신찬
주 간 | 안정희
편 집 | 윤대호, 김리라, 채선희, 이승미, 윤성하
디자인 | 김수혜, 이가영
마케팅 | 권태환, 함정윤, 김희진

펴낸이 | 박윤태
펴낸곳 | 보누스
등 록 | 2001년 8월 17일 제313-2002-179호
주 소 | 서울시 마포구 동교로12안길 31
전 화 | 02-333-3114
팩 스 | 02-3143-3254
E-mail | bonus@bonusbook.co.kr

ISBN 978-89-6494-376-2 13690

• 책값은 뒤표지에 있습니다.
• 이 도서의 국립중앙도서관 출판예정도서목록(CIP)은 서지정보유통지원시스템 홈페이지(http://seoji.nl.go.kr)와 국가자료공동목록시스템(http://www.nl.go.kr/kolisnet)에서 이용하실 수 있습니다.(CIP제어번호: CIP2019018832)

NATURE RUN
STYLISH RUN
FUN RUN

NATURE RUN
STYLISH RUN
FUN RUN